우주 탐험의 역사가 궁금해!

별난 세상 별별 역사 ❻

콩닥콩닥 우주 탐험의 역사가 궁금해!

ⓒ 글터 반딧불, 장경섭 2018

1쇄 펴낸 날 2018년 11월 12일
3쇄 펴낸 날 2023년 12월 20일

지은이	정재은
그린이	장경섭
펴낸이	최금옥
기획	글터 반딧불
편집	최명지
디자인	남철우
펴낸곳	이론과실천

등록 제10-1291호
(07207) 서울시 영등포구 양평로21가길 19 우림라이온스밸리 B동 512호
전화 02-714-9800 | 팩스 02-702-6655

ISBN 978-89-313-8126-9 74900
ISBN 978-89-313-8120-7 (세트)

* 이 책의 일부 또는 전부를 사용하려면 반드시 저작권자와 이론과실천 양측의 동의를 모두 얻어야 합니다.
* 이 도서는 한국출판문화산업진흥원의 출판콘텐츠 창작 자금 지원 사업의 일환으로 국민체육진흥기금을 지원받아 제작되었습니다.
* 값 13,000원
* 잘못된 책은 바꾸어 드립니다.

고라미실 은 이론과실천 의 어린이책 브랜드입니다.

난 세상
별별 역사
06

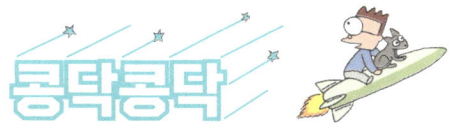

콩닥콩닥
우주 탐험의 역사가 궁금해!

글터 반딧불 지음 | 장경섭 그림

★ 별난 세상 별별 역사 시리즈를 발간하며 ★

인류의 역사시대는 짧게는 2~3천 년, 길게 잡아도 5천 년쯤이다. 이 시간 동안 인류가 이룬 문명은 상상을 초월할 만큼 엄청나다. 선사시대 원시인들이 올려다보던 달과 별에 지금은 우주선을 쏘아 올리는 시대가 되었으니 말이다. 그런데 놀라운 것은 이런 눈부신 문명의 발전에는 극히 사소한 것들의 역사가 자리 잡고 있다는 사실이다.

사람들은 대개 역사라고 하면 중대한 사건이나 영웅적 인물을 먼저 떠올리기 쉽다. 그러나 그것만이 역사의 전부는 아니다. 알고 보면 역사는 그리 멀리 있지 않다. 예컨대 우리가 일상생활에서 쉽게 접하는 불, 돈, 바퀴는 인류의 3대 발명품으로 꼽힌다. 그만큼 문명의 발전에 크게 이바지했기 때문이다.

원시인이 동굴에서 피우는 불은 그저 모닥불에 지나지 않는다. 하지만 그 열을 이용해 철을 뽑아냄으로써 오늘날과 같은 철기문명을 일구어 냈다.

바퀴도 다르지 않다. 바퀴라고 하면 대부분 수레나 자동차의 바퀴 따위를 떠올릴 테지만 그뿐만이 아니다. 곡식을 찧는 물레방아도, 바람의 힘을 모으는 풍차도 바퀴의 원리를 이용한 것이다. 창틀 아래에도, 의자 밑에도, 시계 속에도 바퀴가 있다. 지금처럼 교통과 산업이 발전한 까닭도 각종 기계 속에 들어 있는 톱니바퀴의 움직임 덕분이다.

돈 역시 처음에는 거래의 편리함을 위해 만든 것이다. 물물교환 시대를 떠올려 보자. 소금 한 자루나 쌀 한 자루를 낑낑대며 짊어지고 가서 바꾸려면 얼마나 힘이 들겠는가? 이런 불편함을 덜기 위해 돈이 탄생했지만 진화를 거듭하면서 오늘날 자본주의라는 복잡하고 거대한 경제 구조를 만들어 냈다.

이처럼 우리 생활 속 아주 가까이에는 인류의 역사에 중요한 획을 그은 것이 수도 없이 널려 있다. 눈을 크게 뜨고 보면 역사는 우리가 먹는 밥에도 있고, 늘 입고 다니는 옷에도 있고, 심심할 때 가지고 노는 장난감에도 있다. 신발 밑에도 있고, 시계 속에도 있고, 성냥갑에도 있고, 주머니 속의 동전에도 있다.

〈별난 세상 별별 역사〉 시리즈를 만든 것은 그런 이유다. 우리 주위에서 쉽게 마주치는 물건들의 눈을 통해 인류의 역사와 문명을 한번 꿰뚫어 보자는 것이다. 똑같은 역사라도 산업의 관점에서 보는 것과 돈의 관점에서 보는 것, 바퀴의 관점에서 보는 것은 다르다. 이 시리즈에서 주제어가 된 다양한 사물은 인류의 역사적 흐름을 읽어내는 열쇠 구실을 한다. 그 열쇠로 역사의 문을 열어젖히면 놀라운 일이 벌어질 것이다. 그동안 무심코 지나쳤던 사물 속에서 우리가 미처 알지 못한 재미난 이야기가 수두룩하게 쏟아져 나올 테니까 말이다.

역사를 흔히 큰 강에 비유한다. 하지만 작은 물줄기가 모여야 큰 강이 이루어진다. 인류의 역사도 마찬가지다. 다양한 분야의 역사가 모여 큰 역사가 만들어진다.

세상 사람들은 각각의 생김새만큼이나 서로 다른 관심거리와 취향을 가지고 있다. 정치나 경제, 사회, 예술 같은 무거운 주제에 관심을 가진 이도 있지만 패션, 요리, 장신구 같은 생활 문화나 로봇, 자동차, 컴퓨터 같은 과학 기술, 혹은 우주, 공룡, UFO 같은 신비한 세계에 관심을 가진 이도 있다.

여러분이 어떤 사물에 지대한 관심과 애착을 가진 마니아라면 이 시리즈를 통해 그에 대한 호기심과 갈증을 채울 테고, 그렇지 않더라도 폭넓은 지식과 교양을 쌓을 수 있다. 모쪼록 이 시리즈 하나하나가 여러분이 세상 보는 눈을 키우는 데 보탬이 되고, 다양한 역사 상식을 얻을 수 있는 보물 창고가 되길 바란다.

― 글터 반딧불

차례

프롤로그─우주 탐험을 떠나자 ··· 8

제1장 로켓과 우주 탐험 경쟁

1. 우주 꿈나무를 키운 공상과학소설 ··· 12
2. 로켓이 우주 탐험의 주인공으로 뽑히다 ··· 15
3. 불운한 로켓의 아버지 ··· 18
4. 전쟁이 개발한 로켓 V2 ··· 21
5. 소련의 첫 번째 승리: 최초의 인공위성 스푸트니크 1호 ··· 25
6. 미국의 분발: 인공위성 익스플로러 1호 ··· 29
7. 스파이 인공위성의 탄생 ··· 33
8. 우주로켓을 개발한 11개의 나라들 ··· 37

제2장 지구에서 달까지

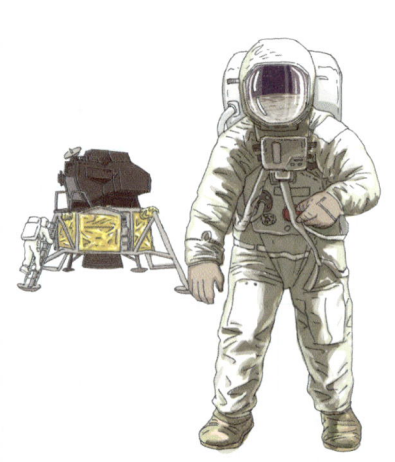

1. 우주로 가는 길을 열어 준 동물들 ··· 42
2. 인류 최초의 우주인, 유리 가가린 ··· 45
3. 미국의 머큐리 팀도 우주로 날아가다 ··· 49
4. 인류가 우주를 헤엄치다 ··· 54
5. 최초로 지구를 탈출한 루나 1호 ··· 58
6. 우주 비행사를 달에 데려다준 아폴로 11호 ··· 61
7. 달을 향한 미국의 끈질긴 노력 ··· 66

제3장 활짝 열린 우주 시대

1. 최초의 우주정거장, 살류트 … 72
2. 미르 우주정거장은 러시아의 자존심 … 76
3. 전 세계가 협력해 만든 국제 우주정거장 … 79
4. 우주왕복선은 거대한 우주 셔틀버스 … 84
5. 우주 탐험가들에게 닥친 안타까운 비극 … 89
6. 태양계의 끝으로 날아간 보이저호 … 93
7. 화성의 비밀을 밝히는 탐사 로봇 … 97
8. 우주로 날아간 허블 우주 망원경 … 101

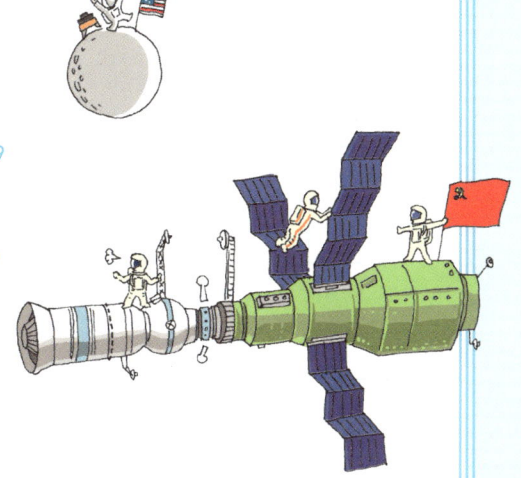

제4장 미래의 우주 탐험

1. 다시 시작된 달 탐험 … 106
2. 누구나 우주여행을 갈 수 있다고? … 110
3. 화성 우주 도시 계획 … 113
4. 우주 탐험이 만들어 낸 우주 쓰레기 … 117
5. 우리나라 우주 탐험의 역사 … 120

프롤로그

우주 탐험을 떠나자

"…… 5, 4, 3, 2, 1, 0, 발사!"

우렁찬 소리와 함께 불기둥을 뿜으며 솟아오르는 우주선을 보면 마음이 콩닥콩닥 뛰지 않니? 당장 우주 탐험을 떠나고 싶다고? 좋아, 다음 우주여행 상품 중 하나를 골라 봐.

　인류가 성공시킨 첫 번째 우주선은 1957년 소련(현재의 러시아)에서 쏘아 올린 인공위성 스푸트니크 1호였어. 그로부터 겨우 60여 년이 지났을 뿐인데 우주 개발은 놀라운 속도로 발전했어. 우주선을 직접 타고 떠나는 우주여행도 얼마든지 갈 수 있게 되었지.

　이게 다 우주 탐험의 꿈을 품은 수많은 과학자와 기술자, 용감한 우주인, 그리고 우주의 신비를 궁금해하며 응원한 사람들 덕분이야. 엄청나게 많은 실패와 희생에도 불구하고 끝까지 노력하여 얻은 결과이기도 하지. 우주 탐험의 과정에서 어떤 다양한 일들이 있었는지 궁금하지 않니? 얼마나 안타까운 실패와 놀라운 성공 들이 있었는지 알고 나면 미래의 우주 시대가 더욱 생생하게 와닿을 거야.

우주선의 발사 장면을 본 적 있니?

거대한 로켓이 하얀 가스와 불기둥을 내뿜으며 힘차게 솟아올라.

우주선은 이 강력한 로켓을 타고 우주로 날아간단다.

그래서 우주 탐험은 로켓의 발명에서 시작되었어.

로켓 개발에 앞장선 나라는 미국과 소련이었어.

두 나라는 서로 먼저 우주로 나가겠다고 기를 썼지.

덕분에 많은 돈과 시간과 노력이 들어가는 우주로켓을

빨리 개발할 수 있었단다.

그런데 치열한 우주 탐험 경쟁에서 소련과 미국 중

누가 이겼을까?

제1장
로켓과 우주 탐험 경쟁

1 우주 꿈나무를 키운 공상과학소설

옛날 사람들도 우주여행을 꿈꿨을까? 당연하지! 옛날에도 얼마나 우주에 관심이 많았다고. 수천 년 전부터 사람들은 태양과 별과 달을 관찰하여 달력을 만들고, 별자리에 이름을 붙이고, 우주의 원리를 알아내려고 애썼어. 하지만 몇백 년 전까지 사람이 직접 우주로 떠나는 것은 너무나 꿈 같은 일이었어. 비행기는커녕 자동차도 없던 시절이었잖아!

약 400년 전, 사람이 우주로 나갈 수 있다고 믿은 사람이 처음 나타났어. 영국의 성직자이자 과학을 무지무지하게 좋아한 존 윌킨스야. 윌킨스는 자신이 쓴 책에서 "미래에는 사람을 달까지 데려다줄 마차가 발명될 것이다."라고 적었어. "그 사람은 참 행복할 거야."라고도 쓴 걸 보면 정말로 달에 가고 싶었나 봐.

하지만 여전히 많은 사람들이 우주여행을 꿈도 못 꿀 일이라 생각했지. 1865년 쥘 베른이 『지구에서 달까지』라는 책을 내고, 몇 년 뒤 『달나라 탐험』 등을 낼 때까지 말이야. 이 책들은 우주 탐험의 역사에 영원히 기록될 아주 중요한 책이야. 우주선을 만들 최신 과학 이론이 담긴 비법서냐고? 아니! 어

하늘을 날 수도 없는데 머나먼 우주에 어떻게 나가? 달나라 토끼가 데리러 온다면 모를까.

린이들도 재미있게 읽을 수 있는 공상과학소설이야.

"나도 커서 달나라에 갈 테야. 우주 탐험가가 될 테야."

이 책을 읽은 아이들과 젊은이들은 이야기 속 주인공처럼 우주여행을 할 수 있다고 굳게 믿었어. 어른이 되어서는 직접 우주 탐험 연구에 뛰어들었지. 세계 최초로 우주로켓 이론을 완성한 치올코프스키와 미국 우주선의 로켓을 만든 폰 브라운, 초기 우주 탐사 연구에 앞장섰던 미국과 소련의 과학자들 대부분이 이 책 덕분에 우주 탐험가가 되었다고 해.

이 책들에는 우주여행을 할 수 있는 아주 재미난 방법이 소개되어 있어.

이대로 따라 하면 달에 갈 수 있을까? 실제로 우주 대포를 타고 달에 갈 수는 없어. 대포알을 그렇게 빨리 날리기도 어렵지만, 대포알이 뻥 하고 발사되는 순간 그 충격으로 우주선에 탄 사람들은 죽게 되거든. 나중에 달나라 탐험에 성공한 아폴로 11호는 로켓을 타고 다녀왔단다.

그렇다고 쥘 베른의 이야기가 엉터리는 아니야. 뉴턴의 운동 법칙에 따라 속도를 계산하고, 우주 무중력 상태를 묘사하는 등 그때까지 밝혀진 과학적인 사실들에 상상력을 보태 진짜같이 꾸몄거든. 그래서인지 대포알 우주선과 아폴로 11호는 비슷한 점이 참 많았단다.

2. 로켓이 우주 탐험의 주인공으로 뽑히다

　우주 탐험을 떠나려면 어떤 우주선을 타야 할까? 부드럽게 떠올라 붕~ 매끄럽게 날아가는 우주선이면 좋겠지! 안에 탄 사람들이 아주 편안하게 말이야. 하지만 진짜 우주선은 엄청난 소음과 함께 가스와 불기둥을 내뿜으며 솟아올라. 로켓으로 쏘아 올리기 때문이야. 우주선이 머나먼 우주로 날아가려면 로켓처럼 아주 센 힘으로 밀어 줘야 하거든.

　이런 사실을 맨 처음 알아낸 사람이 누구냐고? 러시아의 치올코프스키야. 치올코프스키는 1883년 쥘 베른의 책을 읽고 감명을 받아 로켓 연구를 시작했대. 당시의 로켓은 우주선을 꿈꿀 만큼 훌륭하지 않았는데 말이야.

　"로켓이라면 진공 상태인 우주에서도 날 수 있을 거야. 꽁무니로 배기가스를 뿜어내면 그 힘만큼 앞으로 나아가니까. 공기가 있든지 없든지 상관없이!"

　"강력한 지구 중력을 이기고 나갈 수 있는 발사체도 로켓뿐이다."

　지구는 중력이라는 강한 힘으로 모든 것을 끌어당기고 있어. 우주로 나가려는 우주선까지도 꼭 붙잡고 놓아주지 않지. 이 강력한 중력을 뚫고 우주로 나가려면 1초에 7.9킬로미터가 넘는 엄청난 속도로 날아야 해. 치올코프스키는 로켓의 연료를 액체로 하면 이 속도가 가능하다는 걸 알아냈어.

　"로켓의 속도를 높이려면 다단으로 만들어야 한다, 로켓의 전체 무게는 연료의 1~2퍼센트만 차지해야 한다, 인공위성은 320킬로미터 고도에서 지구를 돌 수 있다. 우주선에서 끈을 묶고 우주 유영을 할 수 있다……."

치올코프스키는 1903년에 그동안 차근차근 밝혀낸 현대 우주로켓과 우주선의 원리에 대한 논문을 발표했어. 1903년은 라이트 형제가 최초로 비행기를 발명한 해야. 아직 하늘을 자유롭게 날 수도 없던 때에 우주 비행의 원리를 알아냈다니 정말 대단하지 않니?

하지만 치올코프스키는 로켓을 직접 만들지는 못했어. 다행히 그가 완성한 로켓 이론은 소련의 우주 개발에 큰 영향을 끼쳤단다. 안타깝게도 다른 나라에는 한참 뒤에 전해졌지만 말이야.

어디서부터 우주일까?

과학자들은 지상에서 100킬로미터 이상 높은 곳부터 우주로 부르기로 약속했어. 100킬로미터 높이는 공기가 희박하게나마 아직 남아 있는 곳이야. 우주선이 수평 방향으로 초속 7.9킬로미터 이상의 속도로 날면 지상 100킬로미터 높이에서 지구를 한 바퀴 돌 수 있어. 약 90분이 걸린단다.

3 불운한 로켓의 아버지

1926년 미국의 한 농장에서 요상하게 생긴 로켓이 발사되었어. 슝~ 하고 날아간 로켓은 12미터를 솟아올라 멀리 있는 밭으로 뚝 떨어졌지. 숨죽이며 바라보던 로버트 고더드는 기뻐서 소리를 질렀어.

"성공이다! 성공이야!"

세계 최초로 액체 연료를 사용한 로켓이 비행에 성공한 순간이야!

로버트 고더드는 로켓 연구에 푹 빠진 미국의 과학자였어. 어릴 때 『우주전쟁』이라는 공상과학소설을 보고 우주선을 만들어 화성에 가고 싶다고 생각했대.

'우주선은 어떤 모양으로 만들까? 어떤 방법으로 띄우지?'

러시아의 치올코프스키가 이미 20여 년 전에 로켓 이론을 완성했지만 미국에 살던 고더드는 그 사실을 몰랐어. 고더드는 혼자서 차근차근 연구하여 우주 로켓의 원리를 알아냈고 자신의 이론대로 직접 로켓을 만들어 발사했지. 결과는 성공이었고!

하지만 아무도 고더드의 로켓을 알아주지 않았어. 주변 사람들은 로켓을 발사할 때 나는 엄청난 폭발음에 놀라 불평을 했고, 비행기 추락 사고가 난 줄 알고 소방차가 달려오기도 했어. 지역신문 기자는 "달 로켓은 목표에 23만 8779와 2분의 1마일 못 미쳤다."며 비꼬는 기사까지 냈지. 그때까지는 달까지의 거

리가 약 23만 8780마일인 줄 알았으니까 사실상 실패했다는 뜻으로 쓴 거야.

고더드는 사람들의 비난에 실망해서 뉴멕시코의 외딴 로즈웰 사막으로 들어가 버렸어. 그곳에서 혼자 연구를 계속했지. 소리보다 더 빠른 로켓을 개발하고, 로켓에 관련한 특허도 200개가 넘게 냈어. 하지만 끝내 우주로 날려 보낼 거대한 우주로켓은 만들지 못했어. 우주로켓은 기술뿐 아니라 엄청난 장비와 돈이 필요한 일이야. 한 개인의 힘으로는 어림도 없었지.

고더드는 미국 정부에 로켓을 개발하자고 제안했지만 거절당했어. 제2차 세계대전이 일어나자 고더드는 다시 한 번 미국 정부에 제안했어.

"로켓은 우주로 날아갈 수도 있지만 엄청난 무기가 될 수도 있어요."

고더드는 또다시 거절당했어.

고더드는 결국 우주로켓을 만들지 못했어. 독일에서 만든 V2 로켓을 연구해 보는 게 소원이었는데, 구경도 못 하고 세상을 떠나고 말았단다.

미국 정부는 고더드가 죽은 뒤에야 그의 연구에 관심을 가졌어. 우주 개발을 시작하자마자 고더드가 개발한 기술이 계속 필요했거든. 미국의 항공우주국 나사는 고더드의 특허권 모두를 100만 달러에 샀어. 고더드를 '현대 로켓의 아버지'라며 감사를 표했고, 나사의 연구센터 중 하나의 이름을 고더드 우주비행 센터라고 붙였단다.

4 전쟁이 개발한 로켓 V2

제2차 세계대전은 로켓 개발에 엄청난 영향을 끼쳤어. 전쟁 때문에 로켓 연구가 완전히 멈췄냐고? 사람이 죽어 가는데 한가하게 우주 탐험을 꿈꿀 수는 없으니까? 현실은 그 반대였어. 독일의 히틀러 정권은 전쟁을 일으키기 전부터 로켓에 눈독을 들였어. 멀리 날아가는 로켓은 멀리 있는 적을 해치는 무기가 될 수 있으니까.

독일에서는 전쟁 전부터 로켓의 인기가 무척 높았어. 우주 탐험을 꿈꾸는 사람들이 우주여행협회라는 모임을 만들어 함께 로켓을 연구하고 취미로 소형 액체 로켓을 쏘아 올리곤 했지. 그중 한 사람이 젊은 과학자 폰 브라운이었어.

독일군은 폰 브라운에게 접근해 비밀리에 로켓 연구를 하자고 제안했어. 폰 브라운은 곧장 그 제안을 받아들여 1932년부터 독일의 비밀 기지에서 로켓 연구를 시작했어. 수많은 기술자들과 함께 비싼 장비들을 들여 개발을 시작한 지 6개월, 폰 브라운은 드디어 로켓을 완성했어. 하지만 시험 발사 중에 바로 폭발하고 말았지.

이후 수많은 실패와 작은 성공들을 거듭한 끝에 폰 브라운은 최대 고도 85킬로미터를 기록한 아그레가트4를 개발했어.

아그레가트4는 완벽하게 성공했어. 폰 브라운은 무척 기뻐하며 이렇게 말했대.

"우리는 달까지의 거리를 100킬로미터 좁혔습니다."

그런데 독일 군부는 이 로켓을 달에 보낼 생각이 조금도 없었어. 로켓의 이름을 '보복 무기'라는 뜻의 V2로 바꾸고 대량으로 만들어 냈지. V2 로켓을 런던

을 폭격할 탄도미사일로 쓰려고 말이야.

  탄도미사일은 로켓의 추진력으로 날아가다 정해진 속도에 이르면 엔진을 끄고 중력의 영향을 받아 떨어지게 만든 미사일이야. 탄도미사일은 일단 발사하면 중간에 멈출 수 없었어. 중간에 격추시킬 수도 없었지. 독일은 전쟁 중에 총 3225발의 V2 로켓을 쏘았지만 단 한 대도 비행 중 격추된 적이 없었어.

  독일은 1944년 9월부터 전쟁이 끝날 때까지 런던과 벨기에 등지에 로켓을 쏘아 1만 5000명의 사람들을 죽이고 도시를 파괴시켰어. 그러나 전쟁은 이미 연합군의 승리로 기울고 있었어. 독일은 1945년 5월 연합군에게 항복했어.

  폰 브라운은 독일이 항복하기 직전 120명의 기술자와 100대분의 V2 로켓을 가지고 알프스 산속 작은 마을에 숨어 있다가 미군에 항복했어. 미군은 V2 로켓의 기술을 차지하기 위해 폰 브라운과 기술자들을 미국으로 데려갔지.

소련군도 V2 로켓 기술을 탐냈지만 폰 브라운이 떠난 뒤에야 독일의 비밀 기지에 도착했어. 소련군은 나머지 기술자들과 공장 직원들, 그들의 가족, 그리고 공장에 남아 있던 로켓 부품을 소련으로 싣고 갔어. 이후 미국과 소련 두 나라는 V2 로켓 기술을 바탕으로 치열한 우주 개발 경쟁을 시작했단다.

폰 브라운은 전쟁 범죄인일까 로켓 영웅일까

미국의 로켓 영웅 폰 브라운.

폰 브라운은 미국의 우주로켓을 만든 로켓 영웅이야. 하지만 그가 독일에서 만든 V2 로켓은 많은 사람들을 죽인 끔찍한 무기였지.

제2차 세계대전이 끝난 뒤 연합군 측 나라들은 독일과 이탈리아의 군부를 위해 일한 사람들을 전쟁 범죄를 저지른 죄인으로 강력히 처벌했어. 독일 육군에서 일했던 폰 브라운도 전범이라는 비난을 받았어. 독일군을 위해 로켓을 개발했고, 그가 책임자로 있던 로켓 공장에서 독일군이 강제로 가둬 둔 수용소 사람들을 일꾼으로 부렸고, 그 과정에서 약 2만 명의 사람들이 로켓을 만들다 죽었기 때문이야.

하지만 미국 정부는 폰 브라운의 편을 들었어.

"폰 브라운은 단지 로켓을 만들었을 뿐이오. 로켓을 전쟁에 쓴 것은 그의 책임이 아닙니다."

폰 브라운은 정말로 이용당한 걸까? 미국 정부가 로켓 기술을 얻기 위해 그의 죄를 눈감아 준 건 아닐까?

5 소련의 첫 번째 승리: 최초의 인공위성 스푸트니크 1호

냉전 시대라고 들어봤니? 제2차 세계대전이 끝난 뒤 미국과 소련의 사이가 매우 나빴던 시대를 말해. 세계는 미국을 중심으로 한 자유 진영과 소련을 중심으로 한 공산 진영으로 갈라졌어. 서유럽은 미국 편을 들었고, 동유럽은 소련 편을 들었지. 미국과 소련은 전쟁만 벌이지 않았을 뿐 모든 분야에서 서로를 적으로 여기고 경쟁을 했어. 우주 개발 부문에서도 마찬가지였어. 서로 먼

저 우주 비행을 성공하겠다고 큰소리를 땅땅 쳤어.

우주 탐험 경쟁의 첫 번째 승리자는? 소련이었어. 소련은 1957년 10월 4일, 카자흐스탄에 있는 바이코누르 우주 기지에서 세계 최초로 인공위성을 쏘아 올렸거든.

최초의 인공위성 이름은 스푸트니크 1호야. 지름 58센티미터, 무게 84킬로그램의 동그란 공 모양의 인공위성은 96분 만에 지구를 한 바퀴씩 돌았어. '삐, 삐, 삐' 또는 '뿌, 뿌, 뿌' 신호를 보내면서 말이야.

소련에서 최초의 인공위성을 쏘아 올렸다는 뉴스가 전해지자 전 세계가 들

스푸트니크 1호는 지구와 가까운 지점이 215킬로미터, 지구에서 먼 지점이 939킬로미터인 타원 궤도를 돌았어.

스푸트니크는 '여행자'라는 뜻이야

썩거렸어. 아마추어 무전 기사들은 우주에서 보내는 '삐삐, 뿌뿌' 소리를 들으려고 수신기 앞에서 귀를 쫑긋 세웠고, 망원경이 있는 사람들은 밤마다 거리로 나가 날아가는 빛을 찾았어.

많은 지구인들이 최초의 인공위성 소식에 흥분했지만 미국 사람들 중에는 실망하고 불안해한 사람들도 있었어.

"어떻게 미국이 소련에게 질 수 있지?"

"소련이 우주에서 폭탄을 쏘는 거 아냐?"

소련이 기대했던 모습이 바로 이런 거였어. 원래 소련에서는 1톤짜리 거대한 인공위성을 계획했지만 미국보다 먼저 성공하여 충격을 주려고 작은 인공위성을 서둘러 발사한 거야. 세계를 놀라게 한 스푸트니크 1호는 3주 동안 삐삐거리며 지구 궤도를 돌다가 배터리가 바닥나 신호가 끊겼어. 3개월 뒤에는 대기권으로 떨어져 불타 없어졌단다.

"두 번째 인공위성이라도 우리가 쏠 테야."

스푸트니크 1호에 충격을 크게 받은 미국은 인공위성 개발에 속도를 올렸어. 약 한 달 뒤 또 하나의 인공위성이 지구 궤도로 올랐어. 세계에서 두 번째 인공위성을 성공시킨 주인공은? 또다시 소련이었어. 더 놀라운 사실이 뭔지 아니? 스푸트니크 2호에 '라이카'라는 개가 타고 있었어. 라이카는 생명체가 우주로 나가도 살 수 있다는 사실을 처음으로 증명해 주었지.

우주 개발의 시작부터 약 30여 년 동안 소련은 늘 미국을 앞서갔어. 처음부터 더 크고 강력한 로켓을 개발한 덕분에 최초로 인공위성을 쏘았고, 최초로 사람을 우주로 보냈고, 사람이 우주복을 입고 최초로 우주 유영에 성공했어. 최초의 우주정거장도 소련이 건설했어. 최초로 달 궤도 비행에 성공했고, 최초로 달에 무인 캡슐을 착륙시킨 것도 소련이었어. 우주 개발 초기에 소련의 어깨가 얼마나 으쓱했는지 알겠지?

소련의 강력한 로켓 R7

스푸트니크호를 쏘아 올린 로켓은 독일의 V2를 기반으로 만든 R7이야. 원래 미국까지 날아갈 대륙간 탄도미사일로 개발되었지만 핵무기 대신 인공위성을 싣고 날았지. 사실 대륙간 탄도미사일과 로켓은 같은 기술이야. 탄도미사일의 탄두에 인공위성을 실으면 우주로켓, 핵무기를 실으면 핵탄두 미사일이 되는 거야.

R7은 수석 개발자라고 불리던 세르게이 코롤료프가 만들었어. 이 로켓은 엄청나게 크고 힘이 세서 무거운 우주선도 거뜬히 우주로 쏘아 올렸어. 이 강력한 로켓 덕분에 소련은 초기 우주 탐험 경쟁에서 번번이 미국을 이겼어.

미국의 분발: 인공위성 익스플로러 1호

"나한테 맡겼으면 벌써 2년 전에 인공위성을 쏘았을 거요!"

스푸트니크 1호의 성공 소식을 들은 로켓 천재 폰 브라운은 분통을 터뜨렸대. 폰 브라운은 우주로 나갈 만반의 준비를 다 하고 기다렸는데 미국 정부에서 기회를 주지 않았거든.

당시 미국에서는 해군과 육군에서 따로따로 우주로켓을 개발하고 있었어. 해군은 미국 과학자들을 모아 뱅가드 프로젝트를 진행했고, 육군은 폰 브라운을 중심으로 한 독일인 과학자들에게 로켓 개발을 맡겼어. 둘 중 먼저 개발된 더 뛰어난 로켓을 쓰려고 했냐고? 아니야. 미국의 첫 번째 로켓은 해군이 개발한 뱅가드로 정해져 있었어. 폰 브라운은 크게 실망했지만 포기하지 않았어. 튼튼한 3단 로켓을 개발해서 대기시켜 놓았지. 필요하면 언제라도 쓸 수 있게 말이야.

스푸트니크호의 성공에 충격을 받은 미국은 부랴부랴 뱅가드 로켓에 인공

위성을 실어 쏘아 올렸어. 미국 최초의 로켓 발사 장면은 텔레비전으로 생중계되었어. 미국과 세계의 많은 사람들이 기대에 가득 차서 우주선의 발사 장면을 지켜보았어.

"10, 9, 8 …… 3, 2, 1, 발사!"

카운트다운이 끝나고 뱅가드 로켓은 힘차게 솟아올랐어. 하지만 뱅가드는 10미터도 솟아오르지 못한 채 폭발하고 말았어. 인공위성의 전파 신호는 우주가 아니라 위성이 추락한 근처의 바닷가에서 났지.

이 사고는 폰 브라운에게 새로운 기회가 되었어. 스푸트니크 1호가 발사된 지 약 4개월 뒤인 1958년 1월 31일, 케이프커내버럴 우주 기지에서 미국 최초의 인공위성 익스플로러('탐험가'라는 뜻) 1호가 발사되었어. 폰 브라운이 개발에 참여한 주노 1호 로켓이 작은 위성을 싣고 힘차게 우주로 솟아올랐단다.

익스플로러 1호는 14킬로그램의 작은 인공위성이었지만 가이어 계수기라는 측정기를 싣고 갔어. 덕분에 과학자들은 지구를 둘러싼 이중 방사능대를 발견하는 큰 성과를 얻었지. 익스플로러 1호는 약 4개월 동안 지구와 연락하다가 배터리가 바닥나 통신이 끊어졌어. 하지만 이후에도 12년 동안 지구 궤도를 돌다가 대기권에서 불타 사라졌단다.

해군이 개발하던 뱅가드 위성은 어떻게 되었을까? 두 달 뒤 뱅가드 로켓도 지름 16센티미터, 무게 1.5킬로그램의 작은 인공위성을 발사했어. 소련의 지도자 흐루쇼프는 스푸트니크 2호의 340분의 1밖에 안 되는 이 작은 위성을 '자몽 위성'이라고 놀리기도 했어.

뱅가드 1호는 현재도 지구 궤도를 돌고 있단다. 배터리가 바닥나 지구에 신호를 보낼 수는 없지만 앞으로도 200년 가까이 지구 주위를 돌 거라고 해.

나사가 궁금해!

나사(NASA)는 미국의 항공우주국이야. 나사는 미국의 우주 탐험에 관한 모든 일을 맡고 있어. 그런데 나사를 만들게 된 이유가 소련 때문이라는 걸 알고 있니?

1957년 미국의 적국인 소련이 스푸트니크 1호를 먼저 성공시키자 미국은 큰 충격을 받았어.

"교육이 문제야. 아이들에게 수학과 과학 공부를 더 시켜야 해."

"로켓과 우주 개발을 한곳에서 진행해야 해. 해군과 육군에서 따로따로 하다 보니 경쟁력이 떨어졌잖아."

사회 곳곳에서 소련을 이기기 위한 방법을 연구했어. 그 결과 미국 정부는 항공우주국 나사를 설립하여 우주 탐험에 관한 모든 일을 맡게 했어. 나사는 로켓과 우주선을 개발하고, 우주인을 뽑아 훈련하고, 우주에서 필요한 물건들을 개발하고, 사람들에게 우주 사진을 무료로 제공하는 등 우주에 관한 다양한 일을 하고 있단다.

스파이 인공위성의 탄생

스푸트니크 1호를 발사한 바이코누르 우주 기지는 세계 최초의 우주 기지야. 소련이 1955년 카자흐스탄 초원에 지었어. 그런데 이 우주 기지는 오랫동안 이름이 없었어. 소련이 경쟁자였던 미국에게 들키지 않으려고 꽁꽁 숨겼거든. 미국으로 쏠 대륙간 탄도미사일을 시험하려고 말이야.

소련은 한참 뒤에 우주 기지의 존재를 외부에 알리면서 지역 이름을 따서 '바이코누르' 우주 기지라고 이름을 붙였어. 그런데 바이코누르는 소련의 우주 기지에서 270킬로미터나 떨어진 지방의 이름이야. 소련이 우주 기지를 숨기고 싶어서 이름마저 헷갈리게 지은 거야. 하지만 미국은 이미 바이코누르 우주 기지에 대해 알고 있었단다. 당시에 미국과 소련은 서로의 영공에 정찰기를 몰래 보내 군사 정보를 캐냈거든. 정찰기는 언제 격추당할지 몰라 항상 위험했어. 실제로 미국의 정찰기가 소련의 미사일에 격추당해서 조종사가 포로로 잡힌 적도 있었어.

인공위성이 개발되자 이 위험한 임무는 인공위성이 대신했어. 우주는 어느 나라의 영토도 아니기 때문에 인공위성은 어느 나라의 하늘 위에 떠 있어도 괜찮고 격추당할 위험도 없어.

미국은 익스플로러 1호를 성공시키자마자 정찰기를 대신할 스파이 위성 디

스커버러 14호를 발사했어. 왜 14호냐고? 1호부터 13호까지는 계속 실패했거든. 다행히 용감한 열네 번째 스파이는 무사히 우주로 올라가 지구를 돌며 찰칵찰칵 사진을 찍은 다음 필름이 담긴 캡슐을 지구로 던져 줬어. 당시에는 고화질의 사진을 전송할 방법이 없어서 필름을 직접 떨어뜨리는 방법을 썼어. 우주에서 떨어진 필름 캡슐이 낙하산을 타고 둥둥 내려오면 비행기가 날아가 받아 왔지. 번거롭기는 했지만 정찰기보다 훨씬 안전했단다.

　스파이 위성은 현재 놀랄 만큼 발전했어. 특히 미국의 KH(키홀/열쇠구멍) 시리즈 첩보 위성은 도로를 달리는 자동차의 차 번호를 구별하고, 벤치에 놓인 책 표지의 제목까지 읽을 수 있어. 평소에는 500킬로미터의 높은 상공을 우아하게 돌다가 임무가 떨어지면 지상 200미터까지 내려와 자세히 촬영한 뒤 다시 원래 궤도로 돌아가기도 해. 마치 하늘에 엄청나게 큰 디지털카메라가 떠 있는 것 같지?

이라크 전쟁을 승리로 이끈 스파이 위성

2003년 이라크에서 전쟁이 벌어졌어. 미국을 비롯한 다국적군의 수는 30만 명, 이라크 군은 100여만 명, 게다가 전쟁터는 미군에게 낯선 사막 한복판이었지. 과거의 전쟁이라면 당연히 미국이 졌을 거야. 지형에 익숙한 이라크군이 동에 번쩍 서에 번쩍 나타나 미군을 공격했을 테니까.

하지만 전쟁은 미군의 승리로 끝났어. 미국은 인공위성 10여 기를 이라크의 하늘 위로 불러들였어. 밤낮으로 이라크 구석구석을 내려다보며 중요 거점을 골라 전투기와 미사일로 공격했어. 미국의 인공위성이 이라크를 손바닥 보듯 들여다보고 있는 한 이라크군은 꼼짝도 할 수 없었단다.

GPS는 미국의 군사 위성

길을 찾을 때 쓰는 GPS는 인공위성이 보내는 신호를 통해 위치를 찾는 시스템이야. GPS 수신기만 있다면 날씨와 상관없이 내 위치를 알 수 있어. GPS는 원래 미국이 군사용으로 개발한 것이야. 처음에는 미군만 사용했는데 1983년 소련이 우리나라의 대한항공 여객기를 추락시킨 사건 이후 민간에서도 사용할 수 있게 되었어. 그런데 미국은 언제라도 GPS를 막을 수 있어. 그럼 엄청난 혼란이 일어나겠지? 이런 위험에 대비해 유럽, 러시아 등은 자기들만의 위성항법시스템을 만들고 있어. 아직 GPS를 대신하지 못하지만 GPS의 의존도를 낮춰 가고 있어.

8 우주로켓을 개발한 11개의 나라들

소련과 미국이 아웅다웅하며 우주 탐험 경쟁을 벌이는 동안 조용히 로켓을 개발하던 나라가 있었어. 세계에서 세 번째로 우주로켓과 인공위성을 성공시킨 프랑스야.

프랑스는 제2차 세계대전이 일어나기 전부터 로켓 개발에 관심이 있었어. 전쟁이 끝난 뒤 V2 로켓을 구해 본격적으로 개발하기 시작했지. 그 당시 로켓 기술은 군사 기밀이기 때문에 적국인 소련은 말할 것도 없고 같은 편인 미국에게도 배울 수 없었어. 프랑스는 15년 동안 애쓴 끝에 '디아망'이라는 작은 로켓을 개발하여 인공위성을 쏘아 올렸어. 디아망은 '자몽 위성'이라고 놀림을 받았던 뱅가드 로켓보다도 조금 작았지만 힘차게 우주로 날아갔단다.

프랑스는 세계 최초로 고양이를 우주에 보냈어. 1963년 파리 뒷골목에서 어슬렁거리던 길고양이 14마리를 훈련시킨 뒤 그중 가장 뛰어난 펠리세트를 로켓에 태워 우주로 보냈어. 펠리세트는 156킬로미터 상공의 우주를 12분간 여행하고 무사히 돌아왔지. 우주 동물 다음 차례는 우주 비행사지만 프랑스는 거기까지 성공하지는 못했어. 하지만 로켓 기술을 꾸준히 발전시켜서 현재 미국과 러시아에 버금가는 로켓 강국이 되었어. 프랑스의 기술력으로 만든 아리안 로켓은 인기가 좋아서 다른 나라에서 인공위성을 발사할 때 자주 쓰고 있어.

<u>우리나라 최초의 인공위성 우리별 1호도 아리안 로켓으로 발사했어.</u>

　아리안 로켓은 유럽 우주국에서 만든 거야. 프랑스의 기술력으로 만들었다며 유럽 우주국은 또 뭐냐고? 우주 개발 사업에 가장 큰 걸림돌은 돈이야. 프랑스가 작은 나라는 아니지만 우주 탐험에 막대한 돈을 쏟을 수는 없어. 그래서 독일, 이탈리아 등 유럽의 여러 나라들과 힘을 합쳐 유럽 우주국이라는 기구를 세우고, 함께 아리안 로켓을 만들었지. 아리안을 발사할 때는 남아메리카 프랑스령 기아나의 쿠루에 있는 기아나 우주 센터를 이용한단다.

　네 번째로 우주로켓을 개발한 나라는 일본이야. 1955년 일본의 한 대학교수가 고체 연료를 이용한 연필만 한 로켓을 성공시킨 이후 로켓 기술을 계속 발전시켜 1970년에 고체 연료를 이용한 '람다' 로켓으로 과학 위성을 쏘아 올렸단다. 이후 미국에서 로켓 기술을 들여와 1994년에는 액체 연료를 사용하는 H-2

로켓을 완성시켰어. 일본은 현재 달에 무인 탐사선을 보낼 만큼 우주 강국이 되었단다.

중국은 일본보다 두 달 늦게 우주로켓 창정 1호를 발사했어. 로켓 기술은 러시아에서 들여와 발전시켰지만 인공위성은 자체적으로 개발했어. 중국은 우주 개발에 엄청나게 열성적이야. 2003년에는 세계에서 세 번째로 유인 우주 비행에 성공했고 2011년에는 우주정거장 톈궁 1호를 궤도에 올려서 세계에서 세 번째로 우주정거장을 성공시킨 나라가 되었어.

지금까지 자기 나라의 기술로 로켓과 인공위성을 만들어 발사에 성공한 나라는 딱 11개국이야. 소련, 미국, 프랑스, 일본, 중국, 영국(1971년), 인도(1980년), 이스라엘(1988년), 이란(2009년), 북한(2012년), 그리고 우리나라가 그 주인공들이란다. 북한은 우리나라보다 1년 앞서 은하 3호 로켓으로 광명성 3호를 발사하여 인공위성 궤도에 올렸어. 광명성 3호의 기능이 잘 작동하는지는 확인할 수 없지만 적어도 로켓 기술은 가지고 있는 것으로 보여. 북한은 얼마 전에도 광명성 4호를 발사해 성공적으로 위성 궤도에 올렸단다. 우리나라는 2013년 나로호를 성공적으로 발사하여 우주로켓을 성공시킨 11번째 나라가 되었어.

로켓의 연료는 액체와 고체가 있어. 액체 연료는 보통 발사 직전에 연료를 넣어야 하고 연료를 넣는 시간이 오래 걸려 불편하지만 연료의 효율이 좋고 일정한 속도로 태울 수가 있어. 고체 연료는 일단 미사일을 완성해 연료를 넣어 두고 발사 버튼만 누르면 되니 사용이 간편하지만 연료 효율이 낮아. 그래서 우주발사체는 주로 액체 연료 로켓을 사용하고, 소형 위성 발사나 대륙간 탄도미사일은 고체 연료 로켓을 주로 사용한단다.

인류의 우주 탐험이 가능하다는 사실을
알게 된 순간부터 모두가 생각했어.
우리는 달에 갈 거야!
우주를 향한 인류의 첫 발자국은 달에 찍힐 거야!
미국과 소련은 달에 탐사선을 보내고,
유인 우주 비행을 시험해 보며
인류의 달 탐험을 위해 수없이 노력했어.
결국 미국이 먼저 아폴로 11호를 달로 보내서
인류의 첫 발자국을 찍었지.
전 세계가 감격한 달 탐험의 역사 속으로 따라가 볼까?

제2장
지구에서 달까지

1 우주로 가는 길을 열어 준 동물들

인공위성이 성공하자 사람들은 기대에 부풀었어.

"이제는 사람이 직접 우주 탐험을 떠나겠지?"

물론이지. 하지만 어떻게? 지금도 그렇지만 60여 년 전에는 우주에 대해 아는 게 너무 없었어.

'무중력 상태에서 인간의 몸은 어떻게 반응할까? 우주 방사능은 얼마나 해로울까? 인간의 몸이 로켓 발사의 충격을 견딜 수 있을까? 대기권에서 생기는 엄청난 마찰열을 견딜 수 있을까?'

미국과 소련의 공학자들은 사람을 우주로 보내기 전에 동물들을 우주로 보내 시험해 봤어. 곤충, 개, 원숭이, 쥐 등 수많은 동물들을 우주선에 태워 발사했지. 가장 유명한 우주 동물은 최초의 우주 개 '라이카'야. 라이카 이전에도 우주로 나간 동물들이 있었지만 궤도 비행을 성공한 동물은 라이카가 최초였어.

라이카는 원래 소련의 우주 비행사들이 살던 스타시티를 떠돌아다니던 개였어. 영리하고 온순해서 우주 개 훈련생이 되었고, 침착해서 스푸트니크 2호의 주인공으로 뽑혔대. 1957년 11월 3일, 소련 우주국 공학자들은 라이카에게 마지막 식사를 성대하게 차려 주고, 우주복을 입혀 스푸트니크 2호에 태웠어. 그리고 발사! 스푸트니크 2호는 순식간에 1500킬로미터 궤도로 날아올라 지구를

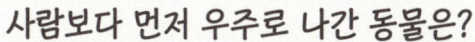

돌기 시작했지.

최초의 우주 개 라이카의 우주여행은 어땠을까?

"라이카는 에어컨과 자동 음식 공급기 덕분에 일주일 동안 살다가 독이 든 먹이를 먹고 고통 없이 죽었습니다."

소련에서는 이렇게 발표했어. 라이카는 처음부터 궤도 비행을 무사히 마치면 독 먹이를 먹고 죽기로 정해져 있었어. 그때는 인공위성을 지구로 돌아오게 할 기술이 없었거든. 많은 사람들은 라이카의 죽음을 안타까워했지만 그래도 고통 없이 죽어서 다행이라고 생각했어.

2002년에 소련의 거짓말이 드러났어. 라이카는 스푸트니크 2호가 지구를 네 바퀴쯤 돌았을 때 죽었대. 우주선 안이 너무 뜨거워지는 바람에 고통스럽게! 그런데도 소련은 스푸트니크 2호의 성공을 자랑하려고 거짓말을 했어.

이후에도 우주 탐험을 위해 많은 동물들을 우주로 발사했어. 1960년 강아지 벨카와 스트렐카는 스푸트니크 5호를 타고 하루 동안 우주여행을 하고 살아 돌아왔어. 우주로 나갔다 돌아온 최초의 개, 벨카와 스트렐카는 나중에 새끼들을 낳고 잘 살았대.

미국에서는 1961년 수컷 침팬지 햄을 머큐리호에 태워 보냈어. 햄은 16분 동안 우주 비행을 하고 건강한 모습으로 돌아왔지. 덕분에 미국 최초의 우주인들은 안심하고 머큐리호를 타고 우주여행을 떠났어.

원숭이, 개, 쥐, 고양이······. 과학자들은 안전한 우주 비행 방법을 알아내기 위해 이렇게 많은 동물들을 우주로 보냈어. 무사히 돌아와 스타가 된 동물들도 있지만 고통스럽게 죽어 간 동물들도 많았어. 동물들의 희생으로 인류의 우주 탐험은 더 안전하게 진행되었지만 희생된 동물들의 목숨이 안타깝기도 해.

2 인류 최초의 우주인, 유리 가가린

우주에서 지구를 바라보면 어떤 느낌일까? 인류 최초로 우주 비행을 한 유리 가가린은 이렇게 말했어.

"지구는 푸릅니다."

인간이 맨 처음 우주로 진출한 날, 어떤 일이 있었을까?

소련의 바이코노르 우주 기지의 발사장에서 엄청난 굉음과 함께 보스토크 1호가 솟아올랐어. 엄청난 불꽃 다발과 뭉게구름 같은 가스를 내뿜으며 하늘로 솟구쳤지. 14분 후 하늘 높이 솟아오른 로켓은 3단을 분리하여 떨어뜨린 뒤 힘차게 날아 지구 궤도에 들어갔어. 인간이 처음으로 우주로 나갔단다.

유리 가가린은 우주선의 작은 창문을 통해 검은 우주와 푸른 지구를 번갈아 보았어. 그때 지지직거리는 소리와 함께 지구인의 목소리가 들려왔어.

"거긴 어때요?"

유리 가가린은 인류 최초로 우주에서 지구를 바라본 느낌을 말했어.

"지구는 푸르게 빛납니다."

'최초의 우주인 탄생' 소식을 들은 전 세계 사람들은 깜짝 놀랐어.

소련이 우주 프로젝트를 비밀리에 진행하는 바람에 미국과 서방세계는 물론 가가린의 가족도 전혀 모르고 있었거든. 가가린의 이웃 주민은 뉴스를 듣고 가

가린의 아내에게 달려가 가가린이 지구에 없다고 알려 주었대.

"뭐라고요? 제 남편이 저 위에서 우주를 돌고 있다고요?"

가가린의 아내는 너무 놀라서 믿을 수가 없었어.

보스토크 1호는 108분 동안 태평양을 지나 남아메리카와 아프리카의 하늘을 지나 지구를 한 바퀴 돌고 소련으로 돌아왔어. 인류 최초로 우주에 나가 지구를 보면서 지구인에게 말을 걸고, 우주에서 지구 음식을 먹었던 유리 가가린은 영웅이 되었어. 꿈일 줄만 알았던 우주여행을 현실에서 이뤄 냈으니까!

그런데 유리 가가린이 살아 돌아오지 못할 뻔했다는 걸 알고 있니? 보스토크호가 돌아오는 길에 대기권에서 불탈 뻔했거든. 다행히 우주선은 대기권을 무사히 통과하여 지구로 떨어졌고, 지상 7킬로미터 상공에서 뚜껑이 폭발했어. 또 죽을 뻔했냐고? 아니야. 처음부터 그렇게 계획한 거야. 우주선 뚜껑이 폭발하면 가가린이 앉아 있던 의자와 함께 밖으로 튕겨져 나간 뒤 낙하산을 펼치기로 말이야. 별로 우아하지는 않지만 그때는 우주선을 천천히 착륙시킬 만큼 큰 낙하산을 만들 기술이 없었단다.

무사히 낙하산을 펼친 가가린은 볼가 강가의 어느 밭에 무사히 착륙했어. 최초의 우주인을 맞이한 사람은 밭 주인과 그의 손녀였대. 지구인들은 최초의 우주인과 악수라도 한 번 했을까?

세계 최초의 여자 우주 비행사, 발렌티나 테레시코바

최초의 여자 우주 비행사는 소련의 발렌티나 테레시코바야. 1963년 보스토크 6호를 타고 우주에 나가 사흘 동안 지구를 48바퀴 돌았어.

테레시코바는 유리 가가린의 우주 비행을 보고 우주여행을 꿈꾸던 소녀였어. 방직공장에서 일하면서도 취미로 낙하산을 열심히 타며 기회를 노렸지. 당시 우주 비행사들은 지구로 돌아오는 과정에서 낙하산을 타고 내려와야 했거든. 1961년 드디어 여자 우주 비행사를 뽑는 시험이 치러졌고, 테레시코바는 당당히 우주 비행사가 되었어. 남자들과 똑같은 힘든 훈련을 이기고 우주로 나갔지. 테레시코바는 좋아하는 시집을 들고 우주로 갔대. 우주에 홀로 머물면 외로울까 봐 읽으려고 말이야. 하지만 수많은 임무를 수행하느라 외로울 틈이 없었다는구나.

소련은 최초의 여자 우주 비행사를 배출했지만 이후 20년 동안 두 번째 여자 우주 비행사는 없었어. 테레시코바를 우주 비행사로 뽑은 것은 여성에게도 동등한 기회를 준 것이 아니라 '최초'라는 명성을 얻기 위해서였던 것 같아.

3 미국의 머큐리 팀도 우주로 날아가다

미국은 우주 탐험 경쟁에서 한 발짝씩 앞서가는 소련을 이기려고 발을 동동 굴렀어. 항공우주국 나사를 세우자마자 우주로 날아갈 우주 비행사부터 뽑았단다.

나사에서는 조건에 맞는 전투기 조종사 508명을 인터뷰하고, 체력 시험과 심리 검사를 몇 번이나 치르고 또 치러서 일곱 명을 뽑았어. 이들은 엄청나게 힘든 훈련을 받았어.

우주 비행사들이 훈련을 받는 동안 폰 브라운과 과학자들은 머큐리 우주선과 로켓 개발에 매달렸어. 로켓이 가장 큰 문제였거든. 소련은 강력한 로켓이 있어서 사람을 태운 5톤짜리 우주선을 거뜬히 쏘아 올렸지만 미국의 레드스톤 로켓은 힘이 약해서 20킬로그램짜리 인공위성을 겨우 쏘아 올리는 정도였거든.

강력한 달 로켓이 개발되는 동안 나사에서는 레드스톤 로켓으로 시험 비행을 시작했어. 먼저 사람을 태우지 않은 머큐리 우주선을 발사하여 성공시켰어. 다음으로는 햄이라는 침팬지를 태워 보냈어. 햄은 지상에서 253킬로미터 높이의 우주로 올라갔다 건강하게 돌아왔어. 이제 머큐리 우주선과 미국의 우주 비행사는 당장이라도 우주로 날아갈 수 있었어. 로켓만 준비된다면 말이야!

"유리 가가린, 보스토크 1호를 타고 최초로 우주 비행 성공!"

로켓을 기다리는 동안 소련에서 먼저 우주 비행을 성공해 버렸어. 미국은 실망했지만 곧 소련을 따라잡았어. 약 한 달 뒤, 앨런 셰퍼드가 미국인 최초로 우주 비행에 성공했지.

"와! 드디어 미국에도 우주 비행사가 탄생했다."

미국인들은 열광했어. 하지만 미국의 첫 우주 비행은 지상 185킬로미터까지 올라갔다 포물선을 그리며 떨어지는 탄도 비행이었어. 로켓의 힘이 부족한 탓에 소련의 보스토크 1호처럼 지구를 한 바퀴 도는 궤도 비행은 할 수 없었단다.

<u>1962년 2월 20일 드디어 미국도 우</u>

> 미국이 15분짜리 탄도 비행에 성공한 지 얼마 되지 않아 소련의 두 번째 우주인 티토프는 지구를 17바퀴 돌고 무사히 지구로 돌아왔어.

주 비행사의 궤도 비행에 성공했어. 존 글렌이 탄 머큐리 우주선 '프렌드십 7호'가 레드스톤보다 다섯 배나 강한 아틀란스 로켓을 타고 힘차게 솟아올랐지. 프렌드십 7호는 1단, 2단, 3단 로켓을 성공적으로 분리시키고 힘차게 지구 궤도로 진입해 4시간 55분 동안 지구를 3바퀴 돌았어.

"정말 압도적인 전망이야!"

존 글렌은 지구를 내려다보며 이렇게 말했어. 인도양으로 지는 해와 구름을 비추는 달, 수많은 별이 너무나 아름다웠대.

존 글렌이 아름다운 우주에 감탄을 하는 사이 지구의 관제 센터에서는 난리가 났어. 우주선은 지구로 돌아올 때 대기권에서 마찰이 생겨 엄청나게 뜨거워

저. 그래서 우주선의 겉면에는 온도를 낮춰 주는 단열 타일이 붙어 있는데, 프렌드십 7호의 단열 타일이 헐거워져서 문제가 생긴 거야. 게다가 우주선에 작은 틈이 생겨 산소도 조금씩 빠져나가고 있었어. 지구 역사상 처음 있는 일이라 과학자들도, 존 글렌도 어떻게 해야 할지 몰랐어.

어쨌든 존 글렌은 지구로 돌아가야 했어. 글렌은 우주선을 수동으로 조종하여 대기권으로 진입했어. 예상대로 우주선의 외부에 붙은 단열 타일은 활활 불타올랐고, 우주선은 빨간 불공이 되었지. 몇 분 동안 우주선과 통신이 끊기자 휴스턴 관제 센터는 침묵에 잠겼어. 끔찍한 4분이 흐른 뒤 존 글렌의 목소리가 들렸어.

"여기는 프렌드십 7호, 휴스턴 들리는가?"

지구인들은 박수를 치며 기쁨의 환호성을 질렀어.

존 글렌은 무사히 돌아왔어. 우주선은 낙하산에 대롱대롱 매달려 바다로 우아하게 떨어졌고, 기다리고 있던 헬리콥터와 항공모함들이 우주선을 건져 올렸어. 드디어 미국의 자존심이 조금 회복되었단다.

미국과 소련은 여러 차례의 유인 우주 비행을 통해 인간이 오랜 시간 동안 우주에 머물 수 있다는 걸 알았어. 이제 지구인들은 더 큰 꿈을 꾸었지. 다음에는 어디로 갈까?

세 번째 유인 우주 비행에 성공한 나라는?

소련과 미국 외에도 여러 나라 사람들이 우주 비행을 다녀왔어. 모두들 미국과 러시아의 우주선을 타고 우주를 경험했지. 우리나라 최초의 우주인 이소연도 러시아의 소유스 우주선을 탔어. 얼마 전까지만 해도 자기 나라에서 직접 개발한 로켓과 우주선을 타고 우주를 다녀올 수 있는 나라는 미국과 러시아뿐이었거든. 그런데 2003년 중국에서 자국의 로켓과 우주선을 이용한 유인 우주 비행을 성공시켰어. 직접 개발한 창정 2F 로켓에 선저우 5호를 실어 발사한 거야. 선저우 5호의 우주 비행사 양리웨이는 지구를 14바퀴 돌고 내려왔어.

"우주에서 본 지구는 매우 아름다웠지만 만리장성은 안 보였어요."

양리웨이는 우주여행의 소감을 이렇게 말했대.

인류가 우주를 헤엄치다

우주로 첫발을 내딛은 지구인들은 계속해서 새로운 모험에 도전했어. 그중 가장 짜릿한 모험은 우주 유영이 아닐까? 인간이 우주선에 가느다란 줄을 연결한 채 우주에서 움직이는 활동 말이야.

최초로 우주 유영에 성공한 사람은 1965년 소련의 보스호트 2호를 타고 우주에 나간 알렉세이 레오노프야. 레오노프는 우주복을 꼼꼼하게 챙겨 입고, 우주선에 연결된 5미터의 끈을 달고 부드럽게 우주로 나섰어. 처음에는 칠흑 같은 어둠뿐이었지만 곧 빛나는 별들이 보였고 태양은 눈이 부셔서 견딜 수 없을 정도였어.

레오노프는 12분간 꿈 같은 우주 소풍을 마치고 우주선으로 들어가려 했어. 그런데 끔찍한 일이 생겼어. 우주복이 풍선처럼 부풀어 올라 우주선의 좁은 문으로 들어갈 수 없게 된 거야. 우주선 안에는 한 명의 우주 비행사가 더 있었지만 도울 방법은 없었어. 레오노프는 8분 동안이나 낑낑거리며 우주선의 작은 출입문에 몸을 쭈그려 넣으려고 애썼지만 실패했어.

"이제 난 끝장이야. 정말 멍청하게 죽는군."

절망에 찬 레오노프는 투덜거렸어. 그때 지상의 관제 센터에서 해결책을 생각해 냈어.

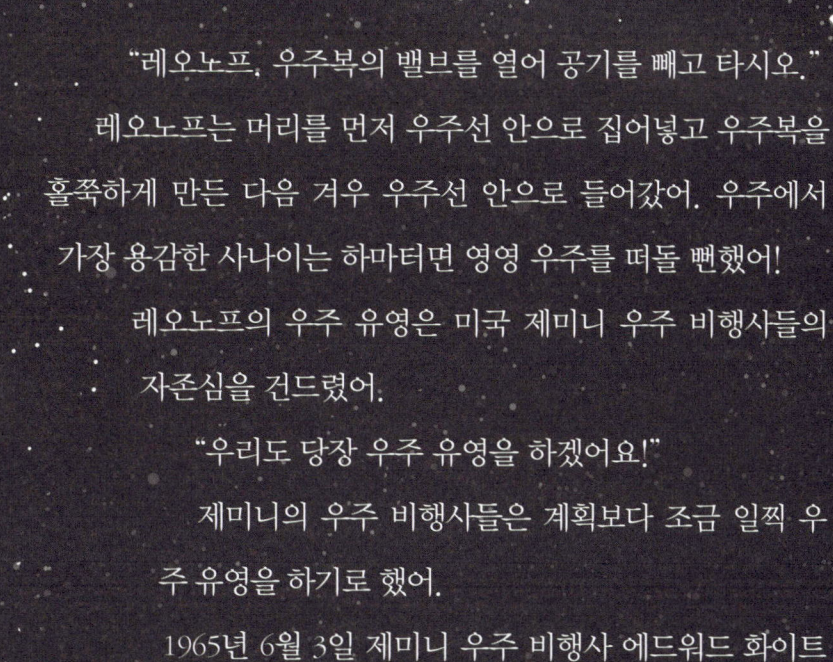

"레오노프, 우주복의 밸브를 열어 공기를 빼고 타시오."
레오노프는 머리를 먼저 우주선 안으로 집어넣고 우주복을 홀쭉하게 만든 다음 겨우 우주선 안으로 들어갔어. 우주에서 가장 용감한 사나이는 하마터면 영영 우주를 떠돌 뻔했어! 레오노프의 우주 유영은 미국 제미니 우주 비행사들의 자존심을 건드렸어.

"우리도 당장 우주 유영을 하겠어요!"
제미니의 우주 비행사들은 계획보다 조금 일찍 우주 유영을 하기로 했어.

1965년 6월 3일 제미니 우주 비행사 에드워드 화이트도 7미터의 긴 줄에 의지한 채 우주로 나갔어. 화이트는 레오노프보다 조금 자유롭게 움직일 수 있었어. 고압산소를 쏘아 자세와 방향을 바꿀 수 있는 우주총이 있었거든.

"백만 달러를 가진 기분이야."

제미니 계획은 미국의 우주 비행사들을 우주 공간으로 보내 무중력 비행, 우주 유영, 우주선 조종 등 여러 가지 훈련을 시키는 프로그램이었어. 유인 달 탐험을 위해 우주 비행사들을 미리 준비시킨 거야.

화이트는 우주 유영이 마음에 쏙 들었어. 지구의 관제 센터에서 우주선으로 돌아가라고 몇 번이나 재촉했지만 못 들은 척하며 21분이나 시간을 끌었지. 마침내 들어가야만 할 시간이 되었을 때 화이트는 "내 평생 가장 슬픈 순간이야."라고 말했어.

그 순간을 지켜보던 지구인들은 활짝 미소를 지었어. 지구에서는 화이트의 우주 유영을 생방송으로 지켜보고 있었거든. 제미니 4호 발사 한 달 전에 통신 위성인 인텔샛 1호가 발사되었기 때문이야.

우주 유영 기술은 점점 더 발전하여 1984년 미국의 브루스 매캔들리는 우주선과 연결된 생명줄도 없이 우주 유영을 했어. 질소가 담긴 이동 장치를 짊어지고 질소를 내뿜으면서 원하는 방향으로 움직였지. 지금은 안전을 위해 생명줄을 꼭 연결한 채 우주 유영을 하고 있어.

우주 유영 기술은 우주 탐사에서 매우 유용하게 쓰였어. 고장 난 허블 우주 망원경을 고치고, 국제 우주정거장을 건설하고 수리하고, 고장이 나서 떠도는 위험한 통신 위성들을 붙잡아 우주왕복선에 싣기도 했어. 우주 비행사들은 용감하게 임무를 수행하지만 우주 유영은 무척 위험한 일이야. 하지만 많은 우주 비행사들이 입을 모아 말한단다.

"우주에서 힘들게 작업한 뒤 우주선 안으로 안전하게 돌아오면 그제야 느낄 수 있어요. 우주 유영이 영원히 끝나지 않기를 바랐다는 것을……."

우주 비행사를 지켜 주는 우주복

우주 유영을 할 때 우주 비행사가 믿을 것은 우주복과 헬멧뿐이야. 나사의 우주복 무게는 177킬로그램, 우주 유영 장비의 무게까지 합하면 거의 200킬로그램 정도야. 커다란 냉장고를 입고 다니는 것과 비슷하지. 하지만 우주에는 중력이 없어서 무겁지는 않아.

- 헬멧에는 태양빛을 반사시키는 차광판과 소형 비디오카메라, 헤드라이트, 헤드셋 등이 달려 있어.
- 목이 마르면 헬멧 안쪽 입 부분의 빨대로 물을 마셔. 물주머니는 가슴에 달려 있어.
- 생명줄이 끊길 경우를 대비해 꼭 세이퍼를 메야 해. 아직까지 세이퍼를 사용한 적은 없어.
- 햇빛이 비치지 않는 곳은 추워서 장갑에 히터를 달았어.
- 우주복 안의 압력과 온도를 조절하고 산소나 전력을 보내는 생명 유지 장치가 있어.
- 손목 안쪽에는 거울이 달려 있어서 가슴이나 배를 비춰 볼 수 있어.
- 방사선과 우주 쓰레기로부터 우주 비행사를 보호하기 위해 옷감을 여러 장 겹쳐 만들었어.
- 우주에는 화장실이 없어서 기저귀를 차고 우주 유영을 해.

5 최초로 지구를 탈출한 루나 1호

인류의 첫 번째 우주여행지는 당연히 달이었어. 우주 개척의 일인자 소련은 당연히 일등으로 달에 도착하려고 했어. 소련은 스푸트니크 1호를 성공시킨 다음 해부터 달을 향해 무인 탐사선을 쏘았어. 첫 번째 시도는 끔찍한 폭발, 두 번째는 안타까운 실패, 세 번째도 역시 실패……. 소련은 실패를 거듭했어. 지구 탈출은 그만큼 어려운 일이었어. 왜 아니겠니? 지구는 45억 년 전부터 그때까지 한 번도 자신의 것을 지구 밖으로 내보낸 적이 없었거든. 강력한 중력으로 무엇이든지 꽉 붙들고 있었지. 스푸트니크 1호가 있었다고? 그때까지 우주 비행에 성공한 우주선들은 모두 지구의 중력이 미치는 궤도를 돌았어. 완전히 지구 밖

으로 나가지는 못했어.

1959년 1월 2일, 소련은 그 어려운 지구 탈출을 해냈어. 달 탐사선 루나 1호를 성공적으로 발사한 거야. 이 작은 무인 우주선은 지구 중력을 탈출할 만큼 빠른 속도로 날아가 발사 34시간 만에 최초로 달 궤도에 들어갔어. 루나 1호의 원래 목표는 달 착륙이었지만 달의 곁을 날아간 것만으로도 엄청난 성공이었어. 지구의 역사 최초로 인간이 만든 물건이 지구의 중력을 벗어났으니까.

같은 해 9월 발사한 루나 2호는 인간이 만든 무인 탐사선 최초로 달 표면에 도착했어. 정확히 말하면 '도착'이 아니라 '충돌'이지만! 달에 부드럽게 내려앉은 게 아니라 쾅 부딪혀 부서졌으니까. 어쨌든 소련은 최초로 달에 우주선을 보낸 나라가 되었지. 루나 3호는 더 엄청난 일을 해냈어. 달의 뒷면으로 날아가 사진을 찍어 보냈거든. 달의 뒷모습 사진은 무척 흐렸지만 그것도 어디야! 지구에서는 절대로 볼 수 없는 달의 뒷모습이잖아!

달은 지구를 한 바퀴 도는 동안 스스로도 돌기 때문에 우리에게 늘 앞면만 보여 주고 있어. 사람들은 오랫동안 달의 뒷면을 상상만 했어. 달의 뒷면에는 대기가 있을 것이다, 외계인이 있을 것이다, 심지어 달의 뒷면에는 풀이 자라고 있을 거라는 사람들도 있었지. 실제로 본 달의 뒷면은 어땠냐고? 앞면보다 더 울퉁불퉁하고 구덩이가 많지만 외계인의 기지나 풀은 없었어.

소련은 루나호를 계속 달로 보냈어. 루나 9호는 최초로 달 표면에 살포시 착륙하는 데 성공했지. 하지만 소련은 끝내 달에 사람을 보내지는 못했어. 유인 우주 비행을 계속하고, 달에 보낼 소유스 우주선을 개발하고, 어마어마한 달 로켓 N1도 개발했지만 실패했어. 가장 큰 문제는 달 로켓이었어. N1이 발사 실패와 폭발을 거듭하다가 소련의 발사 시설마저 폭발시켜 버렸거든. 반면에 강

력한 로켓이 없어서 번번이 소련에게 밀렸던 미국은 세상에서 가장 큰 새턴5 로켓을 개발하여 아폴로 우주선을 달에 보냈단다.

소련은 끝내 달에 사람을 보내지 못했지만 루나호를 통해 달 탐사를 계속했어. 루나 16호는 달의 흙을 지구로 가져왔어. 루나 17호와 21호는 루노호트라는 무인 자동차를 달로 싣고 갔어. 운전은 누가 했냐고? 루노호트는 무려 38만 킬로미터나 떨어진 지구의 소련 우주국 기술자가 운전하여 달의 여기저기를 돌아다니고, 사진을 찍고, 여러 관측을 했단다.

우주 비행사를 달에 데려다준 아폴로 11호

    1969년 여름, 미국 플로리다의 케이프커내버럴 우주 기지 근처는 사람들로 넘쳐 났어. 사람들은 바닷가, 캠핑장, 도로 어디든 자동차를 세워 놓고 며칠씩 진을 치고 있었어. 기대에 가득 찬 표정으로 행운을 빌며, 인류 최초로 우주 비행사를 달에 데려다줄 아폴로 11호의 발사 순간을 간절히 기다렸지.

    7월 16일 13시 32분 0초.

    드디어 세계에서 가장 큰 새턴5 로켓이 하얀 가스와 오렌지색 불기둥을 내뿜으며 솟아올랐어. 강력한 로켓의 꼭대기에 실린 아폴로 11호는 무시무시한 속도로 지구 중력을 벗어났어. 무거운 로켓은 대기권으로 떨어져 사라지고, 세 명의 우주 비행사를 태운 사령선은 조용히 우주를 날았어. 사령선은 한 시간에 한 바퀴씩 빙빙 돌면서 날아갔어. 한쪽으로만 날아가면 태양열을 받는 부분은 너무 뜨거워 타 버리고, 반대쪽은 너무 차가워 얼어 버리기 때문이야.

    3일 뒤 아폴로 11호는 달의 궤도에 들어갔어. 사령선이 달의 궤도를 도는 동안 착륙선만 달 표면에 착륙해야 했어. 닐 암스트롱과 에드윈 올드린은 '이글'이라는 착륙선을 타고 달에 내려갔어. 착륙선은 '고요의 바다'라는 곳에 착륙하기로 정해져 있었어. 그런데 막상 착륙하려고 보니 땅이 울퉁불퉁하고 구덩이가 있어서 안전하게 내릴 수 없었어.

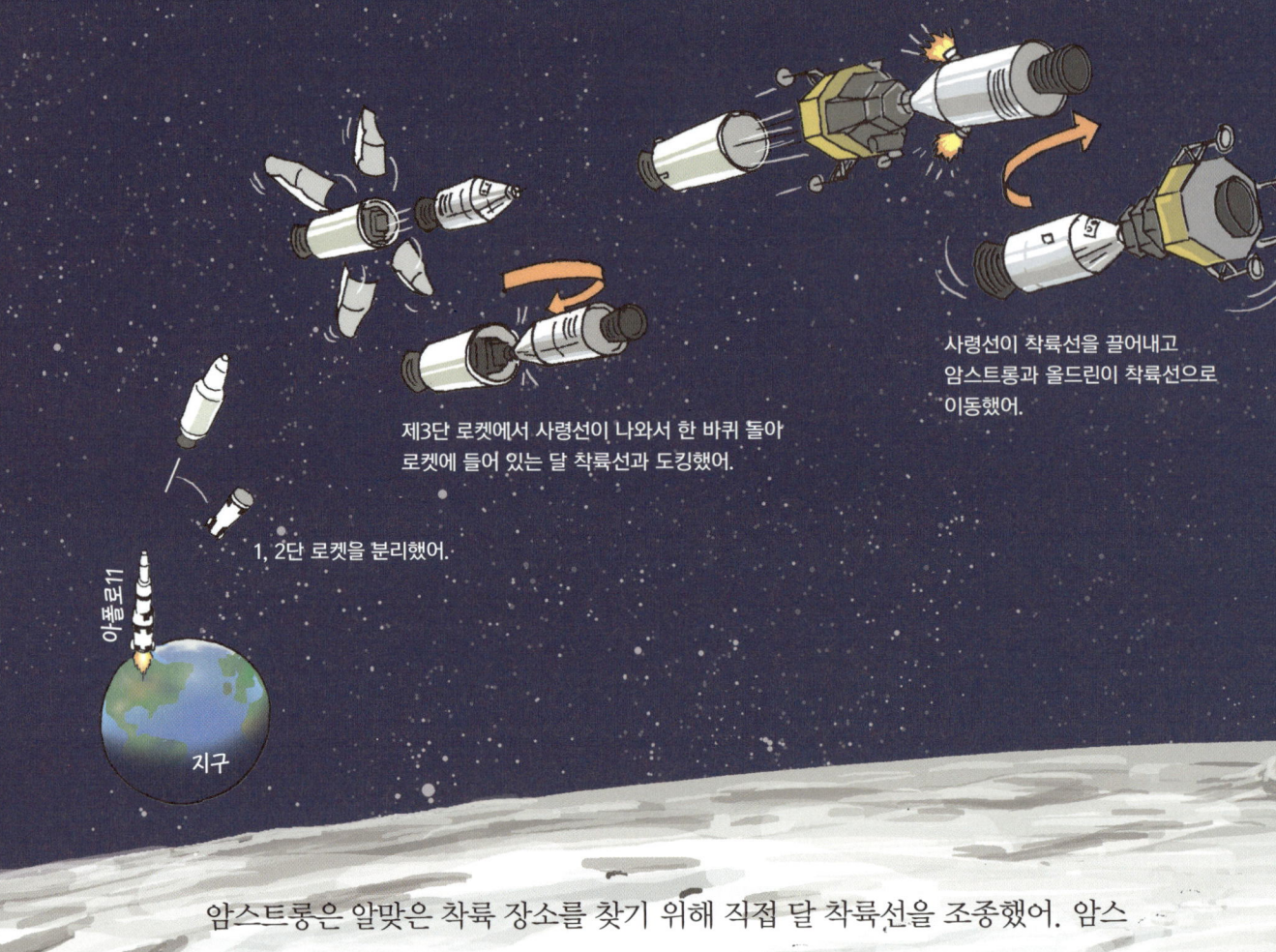

사령선이 착륙선을 끌어내고 암스트롱과 올드린이 착륙선으로 이동했어.

제3단 로켓에서 사령선이 나와서 한 바퀴 돌아 로켓에 들어 있는 달 착륙선과 도킹했어.

1, 2단 로켓을 분리했어.

아폴로11

지구

    암스트롱은 알맞은 착륙 장소를 찾기 위해 직접 달 착륙선을 조종했어. 암스트롱이 착륙할 장소를 찾는 동안 올드린은 컴퓨터가 계산한 정보들을 계속 불러 주었어. 암스트롱과 컴퓨터는 힘을 합쳐 고요의 바다 가운데 가장 평평한 곳을 찾아 착륙선을 천천히 하강시켰어.

    달 먼지를 뽀얗게 일으키며 착륙선 이글호는 부드럽게 내려앉았어. 암스트롱은 휴스턴에 있는 관제 센터에 이 기쁜 소식을 전했지.

    "휴스턴, 여기는 고요의 바다. 이글호는 안전하게 착륙했다."

    가슴을 죄며 기다리던 관제 센터의 사람들은 박수를 치며 환호했지.

    <u>닐 암스트롱은 착륙선에 이상이 없는지 꼼꼼히 확인한 뒤 우주복을 입고, 달</u>

사령선에는 콜린스가 남아
달 궤도를 돌고 있었단다.

달 궤도에 들어간 후 달 착륙선이
분리되어 달 표면에 착륙했어.

달 착륙선 이글호에서
암스트롱이 나와
달에 첫발을 딛었어.

고요의 바다

착륙용 신발을 신고, 헬멧을 쓰고, 산소통이 들어 있는 배낭을 메고 착륙선의 문을 조심스럽게 열었어. 착륙선에 달린 텔레비전 카메라는 이 감동적인 장면을 지구로 전송했단다.

선장인 닐 암스트롱이 먼저 아홉 개의 사다리를 내려가 달에 첫 발자국을 내딛었어. 암스트롱은 가슴 벅찬 마음을 이렇게 표현했어.

"이것은 나에게는 작은 한 발짝이지만 인류 전체에게는 커다란 도약입니다."

우주 기지 근처에서 가슴을 졸이며 기다리던 사람들과 텔레비전 앞에 모인 전 세계 사람들 모두 환호성을 질렀어. 우주 탐험 역사상 가장 위대한 순간이었단다. 그런데 어떤 사람들은 보고도 믿을 수 없었대. 우주에 비하면 먼지만큼 작은 인간이 우주의 질서를 거스르고 지구를 탈출해 달에 도착하다니, 말도 안 되지 않아?

조금 뒤 착륙선에 남아 있던 올드린도 달에 내려섰어. 두 우주 비행사는 달에 미국의 국기를 꽂고, 지진계와 레이더 측량 기구를 설치하고, 토양 표본을 채취하는 등 맡은 임무를 수행했어.

그 시각 마이클 콜린스는 사령선에 홀로 남아 달의 궤도를 돌고 있었어. 궤도에서 해야 할 실험을 하고 사진을 찍었어. 사령선이 달의 뒤쪽으로 들어서자 콜린스는 완전히 혼자가 되었어. 달의 뒤쪽은 태양빛을 받을 수 없어서 완전히 깜깜한 데다가 전파도 닿지 않아 지구와도 연락을 할 수 없었거든. 달의 뒷면에서 콜린스는 무슨 생각을 했을까?

'나는 지구에서 가장 멀리 있는 사람이다. 이곳에 무엇이 있는지는 신과 나만 안다. 온전히 홀로 있는 이 순간이 두렵지도 외롭지도 않다. 나는 지금 이 느낌이 좋다.'

마침내 지구로 돌아갈 시간이 되었어. 착륙선은 작은 엔진을 켜고 달에서 날아올랐어. 달에 내릴 때보다 훨씬 더 긴장된 순간이었지. 아주 작은 실수라도 하면 영영 우주에 남게 될 테니까 말이야. 착륙선은 무사히 올라가 사령선과 합쳐졌어. 인류 최초로 달에 간 세 명의 우주 비행사들은 다시 3일 동안 우주를 날아 무사히 지구로 돌아왔단다.

아폴로 11호의 성공으로 미국과 소련의 우주 탐험 경쟁은 미국의 승리 쪽으로 기울었어. 하지만 아직 끝이 아니야.

루나 15호는 달 스파이

아폴로 11호 발사 직전 나사를 골치 아프게 한 사건이 있었어. 소련의 달 탐사선 루나 15호가 아폴로 11호가 발사되기 3일 전에 달로 날아갔다는 거야. 나사에서는 루나 15호가 어떤 궤도로, 왜 날아갔는지 알지 못했어. 혹시라도 아폴로 11호와 부딪히면 어쩌나 불안했지. 다행히 소련에서 두 우주선의 궤도는 겹치지 않는다고 알려 주었어. 그런데 루나 15호가 왜 달에 갔는지는 끝까지 밝히지 않았어. 그러자 독일 신문에서는 루나 15호를 '달 스파이'라고 보도했대. 나중에 알고 보니 루나는 아폴로 11호보다 먼저 달의 월석을 가져와 아폴로 11호의 업적을 축소시키려 했다는 거야. 결국 실패했지만 말이야.

달을 향한 미국의 끈질긴 노력

 아폴로 11호는 하루아침에 성공한 게 아니야. 미국은 사람을 달에 보내기 위해 오랫동안 준비했어. 소련에게 구겨진 우주 자존심을 회복할 길은 그것밖에 없었거든. 1961년, 앨런 셰퍼드의 우주 비행이 성공하자마자 당시 미국의 대통령 케네디는 의회에서 이렇게 선언했어.

 "미국은 1960년대가 저물기 전에 달에 사람을 보내고, 안전하게 지구로 되돌아오게 할 것입니다."

 미국 국민들은 환호했고, 의회에서는 달 탐험에 필요한 어마어마한 돈을 선

뜻 내주었어. 우주 탐험에는 뜨거운 용기와 뛰어난 기술력, 그리고 엄청난 돈이 들었거든.

나사에서는 본격적인 달 탐사를 시작했어. 달 탐사선 레인저호를 줄줄이 보내 달 사진을 찍고, 더 정확한 정보를 위해 루나-오비터 탐사선을 보내 달의 궤도를 돌게 했어. 열심히 탐사한 결과 마침내 나사의 지구인들은 달의 지도를 손에 넣었어.

다음으로는 달 착륙을 연습할 우주선을 날려 보냈지.

"달 표면에 먼지가 너무 많이 쌓여서 우주선이 빠질 수도 있습니다."

어떤 학자들은 이렇게 주장했거든. 나사에서는 무려 2년 반이나 걸린 끝에 서베이어 1호를 살포시 달에 착륙시켰어. 걱정했던 달의 먼지층은 겨우 몇 센티미터밖에 되지 않았단다. 나중에 아폴로 11호는 서베이어 1호가 미리 연습한 착륙 방법으로 달에 착륙했어.

우주 비행사들도 준비할 것이 많았어. 달까지 가는 데만 3일이 걸리니까 짧아도 6일 이상 우주에 있어야 했거든. 우주 비행사들은 새로 개발한 제미니 우주선을 타고 지구 궤도로 나가 우주에서 머무는 데 필요한 기술을 쌓았어.

제미니 우주 비행사들은 우주에서 총 1940시간을 보내며 모든 훈련을 성공적으로 마쳤어. 의기양양해진 미국은 엄청난 돈과 세상에서 가장 뛰어난 기술과 달을 향한 사람들의 꿈을 모아 아폴로 계획을 시작했어. 세 명의 우주 비행사를 태우고 갈 아폴로 우주선을 개발하고, 달에 착륙할 착륙선을 만들고, 무거운 우주선을 싣고 갈 강력한 새턴5 로켓도 개발했어. 아폴로 10호까지 연습을 거듭한 끝에 1969년 아폴로 11호가 달에 착륙했어.

미국은 아폴로 11호부터 17호까지 달에 보냈어. 아폴로 13호를 뺀 다른 우주선들은 모두 성공적으로 달에 착륙해서 열두 명의 우주 비행사들이 달을 밟았어. 이들은 달 표면에서 60여 건의 실험을 하고, 3만 장의 사진을 찍고, 달의 여러 지역에서 약 384킬로그램의 월석을 지구로 가져왔지. 월석은 전 세계 142곳의 연구소로 보내졌어. 덕분에 지구인들은 달과 우주에 대한 새로운 사실을 많이 알아냈단다.

아폴로 계획에는 상상할 수 없을 만큼 많은 돈이 들었어. 어떤 사람들은 무인 탐사선을 통해 달을 연구할 수 있는데 꼭 사람을 보내야 했는지 묻기도 했어. 비용만 따지면 그 말이 맞을지 몰라. 하지만 인간이 지구 아닌 다른 천체에 착륙한 일은 정말 용감하고 대단한 거야. 이토록 힘든 모험은 역사상 없었으니까. 아폴로 우주선 이후 지금까지 지구 아닌 다른 천체에 간 사람은 한 명도 없어.

달 탐험이 가짜라고?

아폴로 11호의 달 착륙 이후 달 탐험이 가짜라는 소문이 돌았어. 달에 꽂은 성조기가 흔들렸다, 달의 지형은 미국의 어느 사막이다……. 근거가 없는 소문은 지금도 인터넷을 떠돌고 있어. 하지만 인류의 달 착륙은 사실이야. 지금 달에는 미국과 소련이 보낸 우주선들과 달 자동차, 아폴로 11호가 남겨 두고 온 달 착륙선의 다리가 고스란히 남아 있단다.

실수로 지구에서 가장 멀리 간 우주선, 아폴로 13호

아폴로 11호부터 17호 중 유일하게 달에 착륙하지 못한 우주선은 아폴로 13호야. 하지만 아폴로 13호는 '지구에서 가장 먼 곳에 다녀온 유인 우주선' 기록을 세웠어. 아폴로 13호는 달에 가던 중 산소통이 폭발하는 바람에 사령선의 산소가 모두 빠져나가 버리는 사고를 겪었어. 우주 비행사들은 달에 착륙할 때 타려던 착륙선으로 갈아타고 지구로 돌아오기로 했어. 그런데 연료가 부족해 역추진 로켓을 발사할 수도 없었어. 까딱 잘못하다가는 영영 우주를 떠돌 수도 있는 심각한 상황이었어. 하지만 아폴로 13호는 달의 중력을 이용해 달 궤도를 따라 8자로 비행하여 무사히 지구로 돌아왔어. 그렇게 달의 뒤편으로 갔을 때의 거리가 39만 2000킬로미터였어. 아폴로 13호의 우주 비행사들은 사고 때문에 지구에서 가장 먼 곳에 갔다 온 사람들이 되었단다.

달 탐험에 성공한 인류는 더 먼 우주를 향해 눈을 돌렸어.

국제 우주정거장에는 늘 사람들이 머물며

지구와 우주를 관찰하고, 우주 경험을 쌓고 있어.

탐사선들은 태양계의 행성들과 소행성, 혜성의 비밀을 캐고

태양계 너머에 있는 머나먼 우주까지 넘보고 있어.

인류는 많은 어려움과 실패가 있었지만 포기하지 않고

지구 너머에 있는 세계로 나아가려고 해.

얼마나 노력하고 있는지, 얼마만큼 나아갔는지 궁금하지 않니?

제3장
활짝 열린 우주 시대

1 최초의 우주정거장, 살류트

달 탐험 경쟁이 미국의 승리로 끝나자 소련은 달을 깨끗이 포기하고 우주정거장에 매달렸어. 우주정거장은 여러 명의 우주 비행사들이 몇 주에서 몇 달간 머무를 수 있는 거대한 우주 집 같은 거야. 소련은 1971년 최초의 우주정거장 살류트('축포'라는 뜻) 1호를 성공적으로 지구 궤도에 올렸어.

최초의 우주정거장은 어떻게 만들었을까? 먼저 살류트 1호를 발사하여 200킬로미터 궤도에 둥둥 띄웠어. 다음으로 우주 비행사를 태운 소유스 우주선을 발사해 살류트와 도킹하게 했지. 처음 발사한 소유스호는 도킹에 실패하여 그냥 지구로 돌아왔어. 다행히 두 번째로 발사한 소유스 11호는 살류트 1호와 성공적으로 도킹하여 최초의 우주정거장을 이루었지. 세 명의 우주 비행사들은 살류트 1호의 첫 승객이 되어 3주 동안 편안하고 바쁘게 지냈대. 그런데 소유스 11호는 지구로 돌아오는 과정에서 끔찍한 사고를 당하고 말았어. 결국 우주정거장의 첫 승객들은 모두 목숨을 잃고 말았단다.

소련은 1982년까지 6대의 살류트 우주정거장을 운행했어. 우주 비행사들을 교대로 보내 살류트를 지키게 했지. 1978년부터는 무인 화물 우주선 프로그레스호를 우주정거장으로 보내 물과 식량, 연료 등의 화물을 따로 배달했어.

최초의 우주정거장 살류트는 많은 업적을 남겼어. 소련이 처음부터 중요하게 여겼던 지구를 감시하는 스파이 임무는 물론 우주선의 도킹 기술 등 우주정거장 관련 기술도 많이 쌓았어. 인간이 무중력 상태에서 얼마나 건강할 수 있는가,

우주에서 식물이 자랄 수 있는가 등의 흥미로운 우주 실험도 많이 했단다.

특히 살류트 7호의 마지막 승무원인 레오니드 키심과 블라디미르 솔로브예프는 아주 특별한 일을 해냈어. 살류트 7호가 문을 닫기 전 소련은 이미 새 우주정거장 미르를 건설 중이었어. 키심과 솔로브예프는 지구에서 곧장 미르로 날아가 50일을 머물다가 다시 우주선을 타고 3000킬로미터 떨어진 살류트 7호로 날아갔어. 두 우주 비행사는 살류트 7호를 마지막으로 정리한 뒤 지구로 돌아왔단다. 하나의 우주선이 한 우주정거장에서 다른 우주정거장으로 옮겨 간 것은 그때가 처음이었어.

소련 우주정거장의 활약을 미국이 두고 볼 수 있었겠니? 미국은 아폴로 계획을 서둘러 마무리하고 우주정거장을 건설했어. 아폴로 프로그램에서 남은 새턴5 로켓의 연료 탱크를 재활용하여 1973년에 스카이랩이라는 우주정거장을 쏘아 올렸어. 새턴5가 세상에서 가장 큰 로켓이었던 덕분에 스카이랩은 실내 공간이 넉넉한 우주정거장이 되었단다. 스카이랩에서는 약 1년 동안 아홉 명의 우주 비행사들이 세 명씩 교대로 머물며 태양과 지구를 관측했어. 1974년 스카이랩은 문을 닫았지만 이후 5년 동안 지구 궤도를 돌다가 떨어졌어. 대기권에서 불타고도 남은 스카이랩 조각들은 인도양 바다와 오스트레일리아의 사막에 떨어졌단다.

소련 우주국과 미국의 나사가 우주정거장을 놓고 경쟁을 벌이는 동안 두 나라의 정치인들은 점점 더 가까워졌어. 영원할 것 같았던 냉전이 끝나 가고 있었던 거야. 두 나라의 정치인들은 화해의 분위기를 보여 줄 우주 쇼를 기획했단다.

1975년 소련과 미국의 우주선이 우주에서 도킹하고, 서로의 우주선을 오가며 악수를 했어. 전 세계 10억 명의 사람들이 눈을 휘둥그렇게 뜨고 화해의 우

주 쇼를 지켜보았어. 사실 두 우주선의 도킹은 어려운 기술은 아니었어. 학문적으로도 특별한 가치는 없었지. 하지만 화해의 우주 쇼는 약 20년 뒤에 열릴 우주 협력 시대의 예고편이 되었단다.

2. 미르 우주정거장은 러시아의 자존심

1991년 소련의 우주 비행사 두 명이 미르('평화'라는 뜻) 우주정거장으로 떠났어. 일 년 뒤, 임무를 무사히 마치고 돌아온 우주 비행사들은 아주 중요한 것을 잃어버렸어. 그들의 나라가 없어져 버린 거야.

"소련이 사라졌다고요?"

"이제 우린 어느 나라 국민입니까?"

두 사람이 우주에서 평화롭게 지내는 동안 소련에서는 엄청난 정치적 변화가 일어났어. 소련은 15개의 공화국이 모여 이룬 연방 국가이자 공산주의 국가였는데, 국민들이 더는 공산주의도, 연방국가도 원하지 않는다며 시위를 벌였어. 결국 원래 다른 나라들이었던 각각의 공화국은 독립을 선언하며 조각조각 찢어졌어. 1992년 3월 25일, 우주 비행사들이 카자흐스탄의 초원으로 돌아왔을 때 소련이라는 나라는 지구상에서 사라졌어.

소련이 무너진 뒤 연방의 공화국 중 가장 크고 힘이 센 러시아가 소련의 권력을 거의 넘겨받았어. 우주 개발도 고스란히 물려받았지. 바이코누르 우주 기지도 통째로 물려받고 싶었지만 카자흐스탄공화국에 있는 바람에 임대료를 내고 빌려 쓰기로 했지. 소련에서 만든 두 번째 우주정거장 미르도 러시아의 것이 되었어.

미르는 핵심모듈에 여러 다른 모듈을 하나씩 합쳐서 10여 년 동안 만든 우주정거장이야.

6
도킹 모듈
1995년

3
크반트2
1989년

2
크반트
1987년

1
핵심 모듈
1986년

화물 우주선
프로그레스호

4
크리스탈 모듈
1990년

5
스펙터
1995년

7
프리로더
1996년

그사이 조국이 사라졌어.

냉전도 끝났고, 경제적으로도 어려운 마당에 러시아는 굳이 큰돈을 들여 미르를 유지할 필요가 없었어. 하지만 러시아는 미르를 포기하지 않았지.

"미르는 '러시아는 망한 소련이 아니라 미국 못지않은 기술력을 가진 나라'라는 것을 보여 주는 상징이오."

1986년에 건설된 '미르'는 살류트보다 훨씬 크고 발전된 우주정거장이었어. 러시아는 1999년까지 소련의 우주 비행사들을 교대로 보내 미르를 지키며 각종 실험을 했어. 우주에서 샐러드용 채소와 무를 키우기도 했지. 다른 나라의 우주인들도 미르에 머물 수 있었어. 1999년까지 백 명이 넘는 우주인들이 소유스 우주선을 타고 미르에 와서 2만 3000여 건의 과학 실험을 했단다.

러시아는 미르에 사람과 화물을 보내기 위해 일 년이면 소유스 우주선을 세 번, 프로그레스 화물 우주선을 다섯 번 정도 발사했어. 우주선을 한 번 발사할 때도 어마어마한 비용이 드는데 정기적으로 발사하려니 얼마나 많은 돈이 들었겠니! 러시아는 점점 미르가 버거워졌어.

마침 그때 미국이 매력적인 제안을 했어.

"여러 나라가 힘을 합쳐 국제 우주정거장을 만들면 어때요?"

러시아는 미르 자존심을 포기했을까?

3 전 세계가 협력해 만든 국제 우주정거장

국제 우주정거장은 400킬로미터 상공에서 90분에 한 번씩 지구를 돌고 있어. 해 질 무렵 국제 우주정거장이 우리나라 위를 지나갈 때면 맨눈으로도 볼 수 있어. 지상은 어두워지지만 국제 우주정거장의 거대한 태양열판은 햇빛을 반사해 반짝이기 때문이야. 망원경으로 보면 날개처럼 펼친 태양열판을 꽤 자세히 볼 수도 있어.

이렇게 큰 우주정거장을 어떻게 만들었을까? 지구에서 만든 모듈(우주정거장을 이루는 독립된 구조물)을 우주로 쏘아 올린 다음 레고처럼 조립해서 만들었어. 첫 번째 모듈은 1998년 러시아에서 쏘아 올린 자랴('새벽'이라는 뜻)였어. 두 번째는 미국의 우주왕복선 엔데버호가 싣고 간 유니티('통일'이라는 뜻)야. 그럼 우주에 둥둥 뜬 거대 레고를 조립한 사람은? 우주왕복선을 타고

국제 우주정거장에 참여한 나라는 미국, 러시아, 독일, 프랑스, 덴마크, 벨기에, 이탈리아, 스웨덴, 영국, 노르웨이, 네덜란드, 스위스, 캐나다, 일본, 스페인, 브라질 등 16개국이야.

날아간 두 명의 우주 비행사였단다. 무려 7시간 동안 우주를 날아다니며 자랴와 유니티를 붙이고, 전선을 연결하고, 내부에 통신 장비를 설치했지.

이후 여러 나라에서 만든 모듈과 각종 부품들을 하나씩 이어 붙여서 국제 우주정거장은 점점 더 커졌어. 우주인들이 머무는 모듈은 미국과 러시아가 담당했고, 실험실 모듈은 미국, 러시아, 일본, 유럽이 만들었어. 캐나다는 로봇 팔을 만들어 달았어.

2011년 드디어 국제 우주정거장이 완성되었어. 넓이는 축구장만 하고 무게는 약 450톤이야. 너무 무거워 가라앉을 것 같다고? 실제로 국제 우주정거장은 점점 가라앉아. 국제 우주정거장이 위치한 400킬로미터 상공에는 약간의 대기가 있어서 우주정거장과 대기가 충돌하면서 속력이 조금씩 줄면서 조금씩 내려앉지. 하지만 걱정 마. 국제 우주정거장에는 우주정거장을 들어 올릴 수 있는 엔진이 설치되어 있어서 정기적으로 우주정거장을 궤도로 올려 준단다.

국제 우주정거장에는 늘 우주 비행사들이 머물고 있어. 최대 7명이 지낼 수 있지만 보통 6명을 넘지 않아. 국제 우주정거장으로 우주인들을 태워 주는 임무는 러시아의 소유스호가 맡았어. 우리나라의 우주인 이소연도 2008년 소유스호를 타고 국제 우주정거장에 다녀왔어. 소유스호는 늘 국제 우주정거장에 도킹하고 있어. 혹시라도 사고가 나면 우주인들이 비상 탈출을 할 수 있도록 대기하는 거야.

우주 비행사들에게 필요한 물과 음식, 의약품, 실험 도구 등 각종 화물은 러시아의 무인 화물 우주선 프로그레스호가 3개월마다 한 번씩 배달해 줘. 그리고 우주정거장에서 나온 쓰레기도 싣고 와 대기권에서 태워 버리지. 유럽의 거대 화물 우주선 ATV, 미국의 민간 우주선 드래곤, 시그너스, 일본의 고노토리

　도 국제 우주정거장에 화물을 실어 나르고 있어. 우주 비행사들은 화물 우주선이 들어오는 날을 무척 기다린대. 그날만큼은 신선한 과일과 야채를 실컷 먹을 수 있기 때문이란다.
　국제 우주정거장에서는 우주에서만 할 수 있는 각종 실험과 관측을 통해 인류의 우주 탐험에 큰 공헌을 하고 있어. 하지만 지금보다 앞으로 더 중요한 일을 하게 될 거야. 인류가 더 먼 우주로 탐험에 나설 때 국제 우주정거장이 훌륭한 발판이 되어 줄 테니 말이야.

국제 우주정거장의 하루

국제 우주정거장은 90분에 지구를 한 번씩 돌아.

그리니치표준시(영국의 천문대 기준)를 쓰고 있어.

음식은 튜브에 들어 있는 게 많아.

공기도 지구에서 산소 탱크에 담아 와.

한 사람이 하루에 3.5리터 물을 쓸 수 있어.

우주 유영을 할 땐 우주복을, 평소에는 편한 옷을 입어.

뼈와 근육이 약해지기 때문에 반드시 운동을 해야 해.

실험용으로 동식물을 기르고 있어.

쓰레기는 화물선에 실어 보내.

깜깜하게 만든 작은 캡슐 방에서 잠을 자.

당장 국제 우주정거장에 가고 싶다면?

국제 우주정거장에서 내려다본 한반도.

국제 우주정거장에 가고 싶다고? 당장 날아갈 수는 없지만 인터넷을 켜고 구글 지도의 스트리트 뷰에서 우주정거장의 내부 모습을 볼 수 있어. 복잡한 계기판, 전선들, 작은 창문 밖으로 보이는 우주 모습, 벽에 잘 묶어 둔 화물들까지 다 볼 수 있어서 내가 국제 우주정거장에 있는 것 같은 느낌이 들어.

국제 우주정거장에서 내려다본 지구의 모습은 어떨까 궁금하지? 나사의 홈페이지에 들어가면 현재 국제 우주정거장이 어느 지역 위에서 내려다보고 있는지 볼 수 있어. 우주에서 내려다본 지구의 모습은 상상했던 것보다 흥미로울 거야.

4 우주왕복선은 거대한 우주 셔틀버스

"우주선을 한 번 발사할 때 비용이 너무 많이 들어요."
"로켓과 우주선이 일회용이라 그런 거 아니에요?"
"한꺼번에 우주 비행사를 많이 보내면 비용도 싸지지 않을까요?"
우주 탐험이 계속되면서 미국에서는 우주선을 새로 개발하자는 의견이 나왔어.
그때까지의 우주선은 일회용이었어. 발사할 때는 어마어마한 로켓을 포함해 수천 톤이 날아가지만 지구로 돌아오는 것은 겨우 몇 톤짜리 귀환용 캡슐뿐이었지. 나머지 부분은 바다에 떨어지거나 대기권에서 불타 없어지거든. 우주선을 발사하는 데 드는 엄청난 비용을 생각하면 조금 아깝기도 하지?
"비행기처럼 여러 번 쓸 수 있는 우주왕복선을 만듭시다. 이왕이면 사람도 여러 명 태우고, 짐도 많이 실을 수 있게 크게 만들죠."
우주왕복선 개발은 생각보다 어려웠고 예상보다 돈이 많이 들었어. 사람과 짐을 많이 실으려면 몸체가 커야 했고, 몸체가 크면 로켓도 커야 하고, 비행기처럼 착륙시키려면 날개가 있어야 하고, 날개를 만들면 로켓의 균형이 깨지고……. 온갖 기술적인 어려움이 앞을 막았지만 나사의 우주공학자들은 기어이 우주왕복선을 완성했어. 우주왕복선을 쏘아 올리는 로켓 중 고체 부스터(고체 연료 로켓)와 우주왕복선의 궤도선을 몇 번이고 재사용할 수 있게 되었지.

1977년 첫 우주왕복선 엔터프라이즈호의 시험 발사가 성공했어. 1981년 드디어 첫 번째 우주왕복선 컬럼비아호가 힘차게 솟아올랐지. 컬럼비아호는 지구를 두 바퀴 돌고 캘리포니아의 공군 활주로에 우아하게 착륙했어. 비행기와 달리 도착 직전에 낙하산을 펼쳐 속도를 줄이기는 했지만 멋진 착륙이었어. 고체 연료 로켓도 무사히 줍고, 궤도선도 무사히 착륙해서 '재활용' 우주선으로서 합격점을 받았지.

미국은 우주왕복선을 1년에 24번 운행하는 정기 우주선으로 만들 계획이었어. 실제로는 1년에 7, 8회밖에 발사하지 못했어. 여러 번 사용하면 비용이 줄어들 줄 알았는데 우주왕복선의 발사 비용이 말도 못 하게 비쌌기 때문이야. 보통 우주선은 한 번 발사할 때 약 1억 달러가 드는데 우주왕복선은 그보다 4배나 더 들었거든.

값은 좀 비쌌지만 우주왕복선은 놀라운 일들을 해냈어. 궤도를 이탈한 인공위성을 궤도로 올려 주고, 버려진 인공위성을 지구로 싣고 오고, 커다란 허블 망원경을 우주로 실어 나르기도 했어. 우주왕복선을 타고 나가 고장 난 인공위성이나 망원경을 수리하기도 하고 우주정거장의 사람들을 지구로 데려왔지.

우주왕복선의 임무는 모두 다 자랑스러웠지만 그중 최고는 국제 우주정거장 건설이야. 우주왕복선이 없었다면 국제 우주정거장은 지금처럼 크고 멋있게 지을 수 없었을 거야. 국제 우주정거장 건설에 필요한 모듈과 부품 등은 주로 우주왕복선과 소련의 프로그레스호가 옮겼는데, 프로그레스호는 크기가 작아서 커다란 모듈을 실을 수 없었어. 그때마다 짜잔, 거대한 우주왕복선이 커다란 짐칸에 우주정거장 모듈을 척척 싣고 우주로 날아갔어.

미국은 컬럼비아, 챌린저, 디스커버리, 아틀란티스, 엔데버 등 총 다섯 대의

우주왕복선을 차례로 개발했어. 다섯 대의 우주왕복선은 사람들에게 우주여행은 꿈이 아니라 현실이 될 수 있다고 말해 주었어. 우주 비행사만 두세 명 탔던 우주선과 달리 우주왕복선은 조종사 외에 여러 사람이 탈 수 있었거든. 교사, 과학자, 기자, 미국인, 일본인, 유럽인, 이스라엘인 등 다양한 직업을 가진 다양한 나라의 사람들이 우주왕복선을 타고 국제 우주정거장으로 날아갔어. 그

모습을 본 사람들은 '다음에는 나도 우주에 갈 수 있겠지!'라는 희망을 품었어.

너희들도 우주왕복선을 타고 싶다고? 안타깝게도 2011년 7월 아틀란티스호의 비행을 마지막으로 우주왕복선은 운행을 중단했어. 비용도 많이 들고, 작은 우주선보다 사고의 위험도 높기 때문이야. 미국은 우주왕복선을 대신할 작고 안전한 우주선 오리온을 개발했어. 오리온은 달과 화성에서 크게 활약할 계획이란다.

비운의 우주왕복선

소련도 1988년에 부란('눈보라'라는 뜻)이라는 우주왕복선을 개발해 무인 비행에 성공했어. 부란은 미국의 우주왕복선과 크기도, 모양도 거의 비슷했어. 소련은 4년 뒤에 우주왕복선에 사람을 태우고 운행하려고 했어. 하지만 1991년에 소련이 해체되는 바람에 부란은 단 한 차례도 우주에 나가지 못했어. 소련의 우주 개발을 이어받은 러시아가 예산을 대폭 줄였기 때문이야. 부란 우주왕복선은 현재 바이코누르 우주 기지에 우뚝 서 있어. 또 한 대는 모스크바의 고리키 공원에 전시되어 있어.

2000년대 초반 러시아는 우주왕복선을 개발해 소유스를 대체하려고 했어. '클리퍼'라고 이름 붙인 이 우주선은 부란이나 미국의 우주왕복선보다 훨씬 작아서 이전에 쓰던 로켓으로 발사할 수 있었어. 러시아는 유럽 우주국과 함께 개발하고, 일본의 투자금도 받으려고 했어. 아무리 작은 우주왕복선이라도 어마어마한 개발비가 필요하거든. 러시아는 클리퍼를 2011년 발사할 계획이었지만 유럽에서 거부하는 바람에 이 계획은 결국 쓰레기통으로 들어가고 말았어. 클리퍼 역시 부란의 뒤를 이은 비운의 우주왕복선이 되고 말았단다.

5 우주 탐험가들에게 닥친 안타까운 비극

우주 비행사는 우주에서 가장 위험한 직업일지도 몰라. 까딱하면 폭발하는 거대한 연료통 위에 앉아 엄청나게 빠른 속도로 우리가 잘 알지도 못하는 우주로 날아가잖아.

"우리 직업은 위험이 필수예요. 그래도 걱정하지 않아요. 위험을 최소화하기 위해 할 수 있는 모든 것을 다 했으니까요."

다행히 대부분의 우주 비행사들은 용감하게 떠났다 무사히 돌아왔어. 하지만 우주 탐험의 역사에 언제나 행복한 결말만 있지는 않았어. 4명의 러시아인과 14명의 미국인이 우주선에서 목숨을 잃었고, 1명의 러시아인과 3명의 미국인은 훈련을 하다 목숨을 잃었어.

우주 비행은 정말로 그렇게 위험할까? 끔찍한 사고들은 조금 더 신중하고, 조금 더 조심하고, 욕심을 부리지 않고 '위험을 최소화'하기 위해 노력했다면 막을 수도 있지 않았을까?

우주 탐험의 역사에서 처음으로 사람이 목숨을 잃었던 사고는 1961년 소련에서 있었어. 우주 비행사 훈련생인 발렌틴 본다렌코가 산소가 가득 찬 방에서 열흘째 훈련을 받을 때였어. 본다렌코는 몸 상태를 알아보기 위해 피부에 붙였던 장치들을 떼어 내면서 알콜 솜으로 피부를 닦았어. 그러고는 별생각 없이 솜을 던졌지. 솜은 하필이면 전선에 떨어졌고 순식간에 불이 붙었어. 방에 산소가 가득 차 있어서 불은 걷잡을 수 없이 퍼졌어. 밖에서 본다렌코를 구하려 했지만 방 안의 압력이 높아서 문이 열리지 않았어. 기압을 낮추느라 한참이 지난 뒤 문을 열었을 때 본다렌코는 이미 목숨을 잃은 뒤였어. 이 끔찍한 사고는 25년 동안 외부로 알려지지 않았어. 우주 탐사 자체를 비밀리에 진행했던 소련이 사고 사실을 꼭꼭 숨겼기 때문이야. 그 당시 이 사고가 외부에 알려졌다면 미국에서 일어난 아폴로 1호의 사고를 막을 수도 있었을 텐데 말이야.

1967년 미국에서는 아폴로 1호를 시험하고 있었어. 거스 그리섬, 에드워드 화이트, 로저 채피가 우주선의 착륙 캡슐에 타고 있었고, 발사대에서는 시험 발사를 연습 중이었어. 그런데 갑자기 우주선에서 불이 나고 말았어. 착륙 캡슐에는 산소가 꽉 차 있어서 불은 순식간에 퍼졌고, 밖에서는 이들을 구할 방법이 없었어. 결국 캡슐의 윗부분이 폭발했고 우주 비행사들은 모두 목숨을 잃었어.

아폴로 1호의 사고는 소련에서 일어난 사고와 비슷했어. 소련의 사고를 미리 알았더라면 아폴로 1호는 캡슐 안을 산소로 가득 채우지 않았을 거야. 꼭 그럴 필요는 없었거든. 이 일로 아폴로 우주선은 모양을 바꾸고 안전하게 개조를 했고, 다시는 이런 안타까운 사고가 일어나지 않았어.

소련의 소유스 우주선에서도 우주 비행사가 죽은 사고가 두 차례 있었어. 첫 번째는 소유스 1호를 성급하게 발사하는 바람에 일어났어. 안전을 확신할 수 있을 때까지 시험 비행을 더 해야 했지만 서둘러 우주 비행사를 태웠다가 고장이 나는 바람에 우주 비행사 블라디미르 코마로프의 아까운 목숨이 희생되고 말았어.

두 번째 사고는 소유스 11호가 1971년 최초의 우주정거장 살류트 1호에 다녀오던 중에 일어났어. 소유스 11호는 무사히 지구를 출발해 살류트에 도착하고, 살류트에서 무사히 출발해 지구에 착륙했어. 겉으로 보기에는 완벽한 성공 같았어. 하지만 착륙 캡슐을 열었을 때 우주 비행사들은 모두 죽어 있었어. 착륙 캡슐이 꽉 닫히지 않아서 우주선 안의 공기가 다 빠져나가 버린 거야. 당시 소유스의 우주인들은 착륙할 때 우주복을 입지 않았기 때문에 산소를 공급받을 방법이 없었어. 이후 소련의 우주 비행사들은 착륙할 때 꼭 우주복을 입어야 했고, 우주선의 구조도 안전하게 바꾸었단다.

그 뒤 15년 동안 우주 탐험 과정에서 치명적인 사고가 한 건도 일어나지 않았어. 미국은 일 년에 몇 번씩 거대한 우주왕복선을 운행했고, 사람들은 우주를 오가는 일을 당연하게 여겼지.

　1986년 1월 미국의 케이프커내버럴 우주 기지는 유난히 추웠어. 발사대 구조물에 고드름이 대롱대롱 달렸지. 추위 때문에 우주왕복선 챌린저호의 비행이 여러 번 연기되었다가 겨우 발사 허락이 떨어졌지. 챌린저호는 7명의 우주인을 태우고 용감하게 하늘로 솟구쳤어. 전 세계에 이 웅장한 장면이 방송되었지. 그런데 챌린저호는 출발한 지 73초 만에 엄청난 굉음과 연기와 불꽃이 터지면서 폭발하고 말았어. 우주왕복선의 조각들이 사방으로 흩어졌고 7명의 우주인들은 목숨을 잃었어. 우주선 폭발 장면을 생중계로 지켜본 많은 사람들은 충격과 공포에 빠졌어. 사고 원인이 밝혀졌을 때는 분노에 휩싸였어. 기술자들이 추위 때문에 문제가 생길 수 있으니 발사를 연기하자고 주장했는데도 무리해서 발사했기 때문이었어.

　2003년 우주왕복선에서는 한 번 더 끔찍한 사고가 났어. 컬럼비아호가 국제 우주정거장에서 돌아오는 길에 공중 폭발하고 말았어. 출발할 때 연료 탱크에서 떨어진 단열 타일이 날개를 부서뜨리는 바람에 돌아올 때 사고가 난 거야. 또다시 7명의 우주인들이 목숨을 잃었어. 사고 이후 몇 년 동안 우주왕복선의 운행이 중단되었고, 그 뒤에도 국제 우주정거장을 짓는 일에만 사용했어.

　우주 탐험 과정에는 크고 작은 사고와 실패가 많았어. 하지만 인류는 실망하고 슬퍼하며 우주 탐험을 포기하는 대신 더 나은 기술을 개발하여 새로운 세계로 모험을 떠났어. 우주 탐험이 아직도 목숨을 걸 만큼 위험한 일일지라도 우주로 떠나고 싶은 우리 마음을 붙잡지는 못할 것 같아.

6 태양계의 끝으로 날아간 보이저호

> 태양과 같이 스스로 빛나는 별을 항성이라고 해. 항성 주위를 돌며 스스로 빛을 내지 못하는 구형 천체는 행성이라고 해. 태양계의 수성, 금성, 지구, 화성, 목성, 토성, 천왕성, 해왕성은 행성이야.

우주로켓을 성공시키자마자 지구인들은 우주선들을 마구 발사했어. 달로 날아가 달에 대한 정보를 캐 와라, 금성으로 날아가 금성의 신비를 벗겨 보자, 화성으로 날아가 외계인이 있는지 확인하라……. 탐사 우주선들은 우주에 대해 알아내라는 막중한 임무를 띠고 태양계로 날아갔어. 처음에는 달과 화성, 금성 등 인기 지역을 주로 노렸지만 차츰 더 먼 우주로 향했단다.

지구에서 가장 멀리 날아간 우주선은 어디까지 갔을까? 2012년 8월에 태양계를 벗어나 '인터스텔라'라고 불리는 성간우주로 들어갔어. '성간우주'는 항성과 항성 사이의 공간, 즉 우리 태양과 다른 항성 사이에 있는 우주야.

너무 멀리 간 주인공은 바로 보이저 1호야. 722킬로그램짜리 이 작은 탐사선은 인류가 만든 물건 중 가장 빠른 속도로 지구에서 멀어져 태양계 너머 우주 공간으로 날아가고 있어. 보이저 1호의 쌍둥이 탐사선 보이저 2호도 1호와는 반대쪽 태양계 끝자락으로 날아가고 있어.

보이저 1호와 2호는 1977년에 미국 나사에서 발사했어. 1976년부터 1980년 사이는 태양계에서 지구보다 바깥쪽에 있는 행성들을 탐사할 수 있는 황금 같은 기회였어. 176년 만에 한 번씩 찾아오는, 목성, 토성, 천왕성, 해왕성이 거

의 한 줄로 놓이는 때였거든. 이때 탐사선을 보내면 최소한의 연료로 머나먼 행성까지 날아갈 수 있었어.

보이저 1호는 보이저 2호보다 15일 늦게 발사되었어. 하지만 지름길로 날아간 덕분에 먼저 목성에 도착했어. 보이저 1호는 거대한 가스 행성 목성과 목성의 위성 유로파를 탐사하고 토성에 들렀다 태양계 끝으로 갔어.

보이저 2호는 목성과 토성을 거쳐 천왕성과 해왕성, 해왕성의 위성인 트리톤을 탐사한 뒤 태양계 끝으로 날아가고 있어. 이 작은 쌍둥이 탐사선들은 태양계에 대한 기본 지식을 모두 가르쳐 주었다고 해도 지나치지 않을 정도로 많은 정보를 우리에게 보내 주었어.

보이저호는 40년이 넘게 우주를 항해하고 있어. 지구와 너무 멀리 떨어져 있어서 나사와 통신을 주고받는 데도 하루 반 이상이 걸리지만 2030년까지는 통신을 주고받을 수 있대. 이후에는 보이저호의 심장인 원자력 배터리가 완전히 바닥나 통신이 끊기겠지. 보이저호는 우주의 미아가 되어 10억 년 이상 우리 은하의 중심을 떠돌 거야.

머나먼 우주를 날아다니다 보면 어딘가에 살고 있는 인류보다 더 똑똑한 외계인들을 만나지 않을까? 외계인들은 보이저호를 보며 이렇게 말할지도 몰라.

"외계인의 우주선이다! 어디서 왔지?"

"역시 이 넓은 우주에 우리만 사는 건 아니었어!"

친절한 지구인들은 외계인들이 궁금해할까 봐 보이저 1, 2호에 지구의 소식을 담은 금으로 만든 음반을 실어 두었어. 음반에는 수학 기호, 태양계의 모습 등 115개의 그림과 파도, 바람, 천둥, 새와 고래의 소리, 음악, 그리고 지구의 55개 언어로 녹음한 인사말이 담겨 있어. 우리나라의 인사말 "안녕하세요, 잘 지내시죠?"도 들어 있대. 외계인이 보이저호를 발견하면 이 음반을 전축에 올려 소리를 들을 수 있도록 바늘을 넣었고 작동법도 표시했어. 외계인이 이 음반을 보면 우리를 찾아올까?

토성에서 최후를 맞은 카시니-하위헌스호

2005년 카시니가 찍어 보낸 엔셀라두스의 물기둥 분출 모습.

2017년 역사상 가장 크고 무거운 탐사선 카시니가 토성의 대기권에 떨어져 최후를 맞았어. 카시니-하위헌스호는 1997년 10월에 지구를 떠났는데, 카시니는 토성 궤도선, 하위헌스는 토성의 위성인 타이탄 탐사선으로 개발했어. 미국 나사, 유럽 우주국, 이탈리아 우주국 등이 협력하여 만들었어.

2004년 7년 만에 토성에 도착한 카시니-하위헌스호는 2005년 1월에 토성의 위성인 타이탄에 하위헌스를 떨어뜨렸어. 하위헌스는 춥고 험악한 타이탄의 표면에 무사히 착륙하여 외행성에 착륙한 최초의 탐사선이 되었어. 하위헌스는 배터리가 바닥날 때까지 한 시간 이상 타이탄의 정보를 지구로 보냈어.

카시니는 토성과 토성의 위성들을 탐사하고 수많은 사진을 보냈어. 특히 토성의 위성 중 하나인 엔셀라두스에서 뿜어 나오는 물기둥의 사진을 보냈을 때 과학자들은 탄성을 질렀어. 엔셀라두스에 생명체가 살 수도 있다는 증거를 찾은 거야!

2017년 카시니는 20년에 걸친 탐사를 마치고 토성에 부딪혀 사라졌어. 혹시라도 있을지 모를 생명체를 오염시키지 않고, 앞으로 올 지구 탐사선의 탐사에 방해되지 않도록 카시니의 흔적을 없앤 거란다.

화성의 비밀을 밝히는 탐사 로봇

아폴로 비행사들이 달에 다녀온 이후 다른 천체로 날아간 사람은 한 명도 없어. 달에 다시 간 사람도 없고, 우주 기지 후보지로 인기 높은 화성에 간 사람도 없어. 사람이 우주로 날아가는 일은 무척 복잡하고 어렵고 값비싼 일이기 때문이야. 그래서 우주 탐사는 대부분 탐사선과 탐사 로봇이 담당했지.

탐사선은 탐사할 행성이나 소행성, 혜성 등의 주위를 돌며 관측하는 우주선이야. 탐사 로봇은 행성이나 소행성의 땅에 착륙해 돌아다니며 정밀한 정보를 모으는 탐사 대원이야. 특히 탐사 로봇의 활약이 돋보이는 곳은 화성이야.

1976년 7월 20일 미국 나사에서 보낸 화성 탐사선 바이킹 1호가 크리세 평원에 무사히 착륙했어. 바이킹은 인류가 태양계의 행성에 착륙시킨 최초의 탐사 로봇이었어. 바이킹은 움직이지는 못했지만 로봇 팔을 뻗어 화성의 흙을 분석해 생명체가 사는지 알아보았어. 6주 뒤 반대편에 쌍둥이 로봇 바이킹 2호가 착륙했어. 쌍둥이 바이킹은 무려 4만 6000여 장의 사진을 찍어 보냈단다.

1997년에는 움직일 수 있는 탐사 로봇 소저너가 마스 패스파인더호에 실려 화성으로 날아갔어. 패스파인더호는 낙하산을 타고 둥둥 바닥으로 떨어지다가 바닥에 닿기 직전 몸체를 감싼 풍선을 부풀렸어. 통통통, 패스파인더호는 여러 번 바닥에 튕겨진 후 안전하게 착륙했지. 이후 화성 탐사 로봇은 모두 이 방법

을 써서 착륙했대. 소저너와 패스파인더는 한 팀이었어. 소저너가 움직이며 사진을 찍고 정보를 수집해 전해 주면 패스파인더가 그 정보를 지구로 보내 주었지. 소저너는 너무 춥고 덥고, 흙먼지 폭풍도 많이 부는 극한 환경 속에서 83일 동안 임무를 수행하다 작동이 멈췄어. 원래 수명은 한 달이었는데 훨씬 오랫동안 수고를 해 주었지.

2004년 쌍둥이 탐사 로봇 스피릿과 오퍼튜니티가 화성에 갔어. 귀여운 쌍둥이 탐사 로봇은 낮 동안 태양열판을 데워 얻은 전기로 움직이며 수십만 장의 사진을 찍어 지구로 보내 줬어. 로봇 팔로 암석을 부숴 분석한 뒤 얻은 정보도 지구로 보냈지. 쌍둥이 탐사 로봇은 정말로 성실하게 일했어. 원래 수명이 3개월 정도였는데, 스피릿은 무려 2269일 동안 화성을 탐사하다 바퀴가 바위에 끼는 바람에 멈췄고, 오퍼튜니티는 5000일이 지난 지금까지도 화성을 누비며 탐사 작업을 계속하고 있어.

2012년에는 나사의 새로운 탐사 로봇 자동차 큐리오시티가 5억 6700만 킬로미터를 날아 화성에 도착했어. 큐리오시티는 이전의 화성 탐사 로봇와 달리 태양열판이 없어. 보이저호처럼 원자력 전지로 전기를 만들어 쓰기 때문이야. 원자력 전지 덕분에 큐리오시티는 앞으로 10년도 넘게 대기와 토양을 분석해 생명체를 찾는 막중한 임무를 해낼 수 있단다.

유럽 우주국도 화성 탐사에 관심이 많아. 2003년에는 비글2라는 귀여운 이름의 탐사 로봇을 화성에 보냈어. 비글은 화성에 착륙한 뒤 통신이 끊기고 말았어. 먼지 폭풍에 안테나를 펼치지 못해 고장 난 것 같아. 2016년에는 엑소마스라는 탐사선에 스키아파렐리라는 탐사 로봇을 실어 보냈어. 스키아파렐리도 화성에 착륙하다 그만 폭발하고 말았어. 화성을 탐사하는 일은 그만큼 만만치

않은 것 같아. 그래도 인류는 화성을 포기하지 않아. 미래에 우주 도시를 세운다면 첫 번째 후보지는 당연히 화성이니까.

우주로 날아간 허블 우주 망원경

2004년 미국의 나사에서 고장 난 허블 망원경을 더는 수리하지 않겠다고 발표했어.

"허블 망원경을 살려 주세요."

"허블 망원경은 내 과학 선생님이에요."

많은 사람들이 엄청나게 반대를 했어. 학생들은 나사에 편지를 쓰고, 어른들은 미국 의회에 탄원서를 내고, 기자들은 허블이 얼마나 소중한 망원경인지 알리는 기사를 썼어. 나사 앞에 모여 시위를 벌인 사람들도 있었어. 허블 망원경을 지키겠다고 나선 사람들은 천문학자나 과학자 들이었을까? 그냥 보통 사람들이었대. 인터넷으로 허블이 찍은 우주 사진을 보며 우주의 신비에 눈을 뜨고, 우주를 가깝게 느끼게 된 보통 사람들 말이야.

허블 우주 망원경은 우주에 떠 있는 망원경이야. 1990년 우주왕복선 디스커버리호에 실려 610킬로미터의 우주로 올라간 뒤 멋진 사진들을 많이 찍었어. 지구에서는 아무리 좋은 망원경으로 우주를 찍어도 대기에 가려 또렷하게 보이지 않아. 하지만 허블 우주 망원경은 우주에 있기 때문에 대기의 방해를 받지 않는 깨끗한 우주 사진을 찍었지. 과학자들은 허블이 보내온 사진을 보고 별과 은하의 생성 과정 등 우주의 신비를 연구했어. 보통 사람들은 인터넷을

통해 공짜로 우주 사진을 보고 마음에 드는 사진을 인쇄해 방에 걸어 두었지. 허블 망원경이 있기 전까지 막연하게 느꼈던 우주를 구체적으로 볼 수 있게 된 거야.

허블의 사진 중 특히 목성을 향해 돌진하는 혜성 사진은 정말 멋졌어. 일주일 동안 혜성이 목성에 부딪혀 떨어지는 순간순간을 선명하게 보여 주었거든. 가스와 먼지로 이루어진 거대한 독수리 성운, 폭발하는 별, 아름다운 은하는 어떻고!

과학자들은 1995년에 아주 특별한 사진을 찍었어. 크리스마스 무렵 열흘 동안 텅 비어 보이는 우주를 300장 찍어서 분석해 보았어. 허블 망원경은 아주 멀리서 오는 약한 빛까지 잡아낼 수 있으니까 뭔가 보일 거라 생각했지. 역시 우주는 기대한 것보다 훨씬 멋졌대. 텅 비어 보였던 우주에서 수천 개의 새로운 은하를 발견했거든. 이 별들의 밝기를 연구한 끝에 과학자들은 우주의 나이가 137억 년이라는 것을 알아냈지. 거대한 은하의 중심에 블랙홀이 있다는 증거도 허블 망원경으로 찾아냈어.

나사는 이렇게 소중한 허블 망원경을 왜 그만 쓰려고 했을까? 허블 우주 망원경을 수리하는 일이 무척 까다로웠기 때문이야. 여러 명의 우주 비행사가 우주왕복선을 타고 가서 우주복을 입고 우주 유영을 하며 직접 고쳐야 하거든. 중력이 없는 우주에서는 뭉툭한 우주복 장갑을 끼고 나사를 돌리는 일도 무척 어려운데 섬세한 허블 망원경을 고치는 일은 얼마나 어렵겠니! 그래도 우주 비행사들은 이 어려운 일을 몇 번이나 잘 해냈어. 2002년에도 우주왕복선 컬럼비아호를 타고 간 우주 비행사들이 허블 망원경을 고치고 첨단 카메라를 달아 주고 돌아왔지. 그런데 2003년 컬럼비아호가 폭발하는 끔찍한 사고가 났어. 미국에서는 우주왕복선의 운행을 중단시켰고, 더는 허블 우주 망원경도 수리할 수 없게 되었지. 허블 우주 망원경의 수명이 10년인데 그동안 네 번이나 고치며 15년 가까이 썼으니 그만 써도 되겠다고 생각했을 거야.

하지만 허블 우주 망원경을 통해 우주를 사랑하게 된 사람들은 허블을 포기할 수 없었어. 결국 2009년 허블 우주 망원경은 다섯 번째 수리를 받았어. 허블은 앞으로도 한참 동안 멋진 우주 사진을 찍어 줄 거야. 하지만 또 고장이 나면 다시는 수리를 하지 않을 거래. 정말 마지막이래. 곧 제임스 웹이라는 새 우주 망원경이 발사될 예정이거든. 제임스도 반짝이는 눈으로 우주의 비밀을 밝혀 주겠지! 그리고 많은 사람들은 허블에게 했던 것처럼 제임스 웹 우주 망원경도 사랑하게 될 거야.

최근에 우주선 발사 소식이 자주 들려.
미국, 러시아뿐 아니라 중국, 유럽 우주국, 일본, 인도 등
여러 나라에서 인공위성과 탐사선 등을 쏘아 올리고 있어.
민간 기업에서도 각종 우주여행 상품을 선전하고 있어.
머지않아 달과 화성에 우주 호텔이 지어질 거야.
우리는 곧 우주 탐험을 떠날 거야.
머나먼 미래가 아니라 곧! 같이 갈 사람?

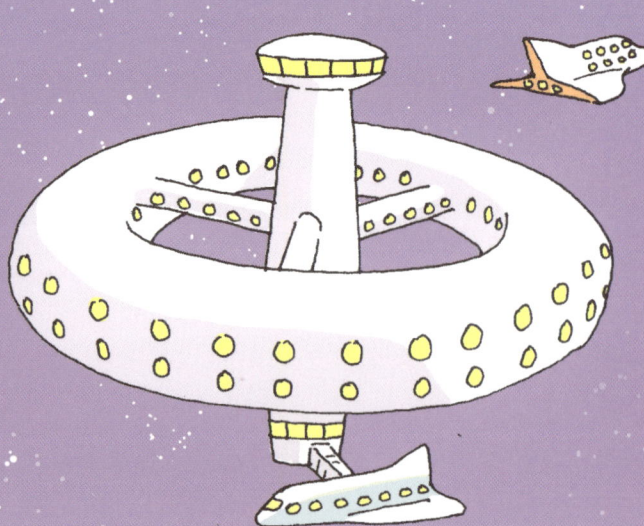

# 다시 시작된 달 탐험

1972년 아폴로 17호가 마지막으로 달에 다녀온 이후 아무도 달에 가지 못했어. 달에 사람을 보내는 것은 인류 역사상 가장 용감하고 멋진 일이지만 너무 위험하고 돈이 많이 들기 때문이야.

그런데 최근에 달 탐험 경쟁에 다시 불이 붙었어. 미국은 2021년까지 사람이 머물 수 있는 달 기지를 만들고 달 호텔도 만들겠다고 발표했어. 러시아와 일본, 중국, 인도, 유럽 우주국 등도 달에 탐사선을 보냈고, 앞으로 더 많은 탐사선과 탐사 로봇 등을 달로 보낼 계획이래. 민간 회사들까지 앞을 다퉈 달에 관심을 보이고 있어.

2007년 구글이라는 세계적인 기업에서 달 탐사 대회를 열었어. 상금이 무려 300억 원이었던 이 대회의 우승 조건은 딱 세 가지였어.

- 국가가 아닌 기업이나 개인이 탐사 로봇을 달에 보낸다.
- 탐사 로봇은 달 표면을 500미터 이상 움직인다.
- 선명한 사진이나 동영상을 지구로 보낸다.

언뜻 보면 간단한 것 같지? 하지만 보통 어려운 일이 아니었나 봐.

일본, 미국, 이스라엘, 인도, 다국적 팀 등 다섯 팀의 공학자들이 애썼지만 대회가 끝난 2017년까지 한 팀도 달에 탐사선을 보내지 못했단다.

여러 나라와 기업 들은 갑자기 왜 달에 관심을 가질까? 가장 중요한 이유는 달에 헬륨3, 희토류 등 귀한 광물이 많기 때문이야. 특히 헬륨3는 엄청난 에너지를 만들 수 있는 쓸모 많은 광물이야. 현재 우리가 쓰는 에너지의 대부분은 석탄과 석유 등 화석연료에서 나와. 하지만 화석연료는 몇십 년 안에 바닥나고 말 거야. 전기도, 가스도 쓰지 못한다면 우리의 삶이 어떻게 바뀔까? 상상하기도 어려울 정도로 깜깜하지! 그런데 헬륨3만 있으면 에너지가 떨어질 걱정은 할 필요가 없어. 달에 있는 헬륨3를 모두 가져온다면 지구는 1만 년 동안 에너지 걱정을 하지 않아도 되거든.

달뿐 아니라 지구를 가깝게 지나가는 소행성들에도 백금과 같은 귀한 광물들이 많아. 그래서 여러 나라와 기업들이 달의 자원을 차지하려고 눈독을 들이고 있단다.

우주 자원을 이용하려는 사람들이 많아지면 미래에는 다툼이 일어날지도 몰라. 1967년 유엔에서는 이런 문제를 대비하여 우주조약을 만들었어.

'우주와 천체는 특정한 국가가 소유하거나 권리를 주장할 수 없다. 우주는 모든 나라와 인류의 이익을 위해 평화적 목적으로 이용한다.'

소련과 미국, 우리나라를 비롯한 전 세계 100여 개국은 우주조약을 따르기로 약속했어. 그러니까 달도, 화성도, 어떤 천체도 어떤 나라, 어떤 개인이 가지거나 마음대로 사고팔면 안 돼.

달 팔아요!

1980년 미국에 데니스 호프라는 사람이 특이한 회사를 차렸어. 이름은 '달 대사관'. 여기서 파는 상품은 바로 달의 땅이야. 호프는 축구장 두 개 정도 되는 달의 땅을 우리 돈으로 3만 원 정도 받고 팔았어. 달을 산 사람들에게 달 지도에 자신이 산 땅을 표시한 땅문서까지 주었지. 도대체 누가 달을 샀냐고? 전 세계 수백만 명의 사람들이 달을 샀대. 호프는 이것도 모자라 태양계의 다른 행성들까지 팔았어. 이제 달과 태양계의 행성들은 호프에게서 땅을 산 사람들의 것일까? 그렇지 않아. 법률가들의 의견에 따르면 호프에게 받은 달 땅문서는 법적으로 효력을 발휘할 수 없을 거래. 단지 달을 산 사람들은 밤하늘의 달을 보며 "내 달이 저기 있구나!" 하고 미소를 지으며 쳐다보겠지. 하지만 달을 사지 않은 사람들도 얼마든지 흐뭇한 미소를 지으며 달구경을 할 수 있어!

누구나 우주여행을 갈 수 있다고?

우주여행은 특별한 사람들만 하는 거라고? 가까운 미래에는 누구나 우주여행을 할 수 있을 거야. 다양한 우주여행 상품 중 마음에 드는 것을 골라 갈 수도 있고.

지금까지 우주로 나간 사람들은 대부분 나라에서 뽑아 특별한 훈련을 시킨 사람들이었어. 조종사, 공학자, 과학자 들이 많았지. 민간인으로서 우주에 나간 첫 번째 사람은 미국의 억만장자 데니스 티토야. 티토는 2001년 러시아의 소유스 우주선을 타고 국제 우주정거장으로 우주여행을 다녀왔단다.

"어릴 적 꿈을 드디어 이뤘다. 천국에 다녀온 기분이다!"

티토는 우주에 다녀온 소감을 이렇게 말했어. 이후에도 약 10년 동안 7명의 사람들이 소유스호를 타고 국제 우주정거장으로 우주여행을 다녀왔어. 다들 환상적인 경험이었다고 해. 하지만 민간인의 우주여행은 2010년에 끝났어. 소유스 우주선에 더는 자리가 안 났거든. 미국이 우주왕복선의 운행을 중단하면서 미국의 우주 비행사를 소유스에 태워 보냈기 때문이야. 소유스를 타고 가는 우주여행 상품이 계속 있었다 해도 누구나 갈 수는 없었어. 우주여행 티켓 값이 무려 2000만 달러(약 220억 원)나 되었거든.

"미래에도 우주여행은 못 갈 것 같아요. 너무 비싸요."

푸념이 절로 나온다고? 미래에는 훨씬 더 싸고 다양한 우주여행 상품이 나올 테니 걱정 마. 벌써 여러 회사들이 우주여행 상품을 개발해 판매하고 있단다.
　영국의 버진 갤럭틱 사의 준 궤도 비행 상품은 어때? '스페이스십2'라는 우주선을 이용해 100킬로미터 상공의 우주로 올라갔다 지구로 내려오는 거야. 여행 시간은 2시간 30분 정도 걸리고 내려오는 동안 5분 정도 무중력 체험을 할 수 있대. 가격은 1인당 25만 달러(약 2억 7500만 원), 티토의 우주여행에 비하면 아주 싸지? 아직 시험 비행이 끝나지 않았는데 벌써 수백 명이 이 상품을 예약하고 기다리고 있단다.
　미국의 블루오리진 사에서도 '뉴셰퍼드'라는 우주 캡슐을 발사해 고도 100킬로미터에서 10분 정도 무중력 체험을 하는 여행 상품을 개발 중이야. 그리고

보잉 사에서는 나사의 도움을 받아 캡슐 모양 우주선을 개발해서 국제 우주정거장까지 여행을 다녀올 수 있도록 준비하고 있단다.

미국과 일본에서는 지상과 우주를 엘리베이터처럼 연결하려는 계획도 있어. 지상과 우주정거장을 케이블로 연결하여 우주 공간을 오고 가는 거야. 높은 전망대에 올라가 도시를 내려다보며 구경하듯이 우주도 그렇게 볼 수 있을 거야. 허황된 계획 같다고? 인공위성과 달 탐험도 불가능할 것 같지만 이루었잖아. 우주여행도 곧 그렇게 될 거야.

지금은 1년에 우주로 나갈 수 있는 사람이 많지 않아. 국제 우주정거장으로 정기적으로 운행하는 유인 우주선은 소유스뿐이거든. 소유스는 한 번에 3명밖에 탈 수가 없는데 1년에 4회만 운행하고 있으니까 1년에 우주로 나갈 수 있는 사람이 아무리 많아도 12명밖에 되지 않아. 하지만 다양한 우주여행 상품이 나오면 훨씬 많은 사람들이 우주를 경험할 수 있을 거야. 지금은 가장 멀리 갈 수 있는 우주 공간이 국제 우주정거장이지만 머지않아 달이나 화성에도 갈 수 있을 거야. 달보다 화성에 먼저 갈지도 모르겠다. 화성 우주여행을 적극적으로 추진하는 회사가 있으니 말이야.

3 화성 우주 도시 계획

 정말로 화성에 우주 기지를 세울 수 있을까? 언젠가는 가능할 거야. 2030년이 될 수도 있고, 조금 더 걸릴 수도 있겠지만 말이야. 화성은 태양계에서 가장 살기 좋은 곳이야. 물론 지구는 빼고! 땅은 단단하고 가늘고 붉은 모래로 뒤덮인 사막 같아. 폭풍이 불면 붉은 먼지바람이 눈앞을 완전히 가릴 정도지만 사람이 날아갈 만큼 세지는 않아. 지구보다 약하지만 햇빛이 비쳐서 태양열로 전

기를 만들 수도 있어. 산소는 별로 없지만 그래도 대기가 있고, 물은 없지만 극지방의 땅속에 꽁꽁 언 얼음이 있고, 우주 방사능이 지구보다 강하지만 땅속에 들어가면 괜찮을 정도야. 사람이 살기에 이만한 행성은 없어. 그래서 먼 옛날부터 지구인들은 화성에도 생명체가 살 거라고 믿었지.

화성이 살 만한 곳인지, 생명체가 있는지 알아보러 간 탐사선들은 매우 많아. 화성은 태양계의 어떤 행성보다 지구에서 온 탐사선의 방문을 많이 받았어. 최근에도 미국의 피닉스, 메이븐, 유럽과 러시아가 합작으로 만든 엑소마스, 인도의 망갈리얀 등이 화성으로 날아갔어. 일본과 중국도 화성에 탐사선을 보내려고 준비 중이야.

화성에 우주 식민지를 만들겠다고 큰소리를 땅땅 치고 있는 미국의 우주 기업 스페이스X도 2018년 화성에 우주선을 발사했어. 팰컨 헤비라는 어마어마한 로켓에 전기차를 싣고 화성으로 날려 보냈지. 스페이스X는 나사와 합작으로 화성 착륙선 레드 드래곤을 보낼 계획도 세우고 있어. 이런 시도들이 성공한다면 화성 여행은 곧 가능해질지도 몰라.

그런데 화성 여행은 아주 긴 여행이 될 거야. 달은 지구에서 38만 킬로미터 떨어져 있어서 가는 데 3일, 오는 데 3일이면 충분했어. 화성은 지구와 가장 가까울 때 5600만 킬로미터, 지구와 멀 때는 1억 100만 킬로미터나 떨어져 있어. 현재의 기술로 화성에 갔다 오려면 아무리 빨라도 2~3년이 걸린단다. 그것도 화성으로 출발하기 좋은 때에 딱 맞췄을 때 얘기야. 25~26개월 만에 한 번씩 오는 '화성에 가기 좋은 때'에 출발하여 7~8개월 동안 우주를 날아 화성에 도착한 뒤 '화성에서 지구로 출발하기 가장 좋은 때'가 될 때까지 1년 정도 화성에 머물러야 해. 그때가 되면 다시 우주선을 타고 7~8개월을 비행하여 지구로 돌아오는 거야.

화성에 갈 때도 달에 갈 때처럼 지구에서 곧장 직행 우주선을 타고 가기는 어려워. 먼저 지구에서 지구 궤도로 나갔다가, 지구 궤도에서 화성 우주선을 발사하고, 화성 궤도에 도착해 착륙선으로 바꿔 타고 화성으로 내려가야 해. 물과 식량 등을 실은 화물선도 같은 방법으로 먼저 보내야 하고 말이야. 나사에서도 이 방법으로 2030년대 안에 화성에 사람을 보내겠다는 계획을 세우고 있어.

"너무 시간이 오래 걸려요. 우린 지구에서 화성까지 한 번에 날아갈 겁니다. 그럼 3개월이면 화성까지 갈 수 있어요!"

스페이스X는 새로운 방법을 내놓았어. 1만 톤이나 되는 어마어마한 로켓을 만들어 수십 명의 사람을 태우고 화물도 싣고 곧장 화성으로 날아가겠다고 말이야. 지금까지 세계에서 가장 큰 로켓은 3000톤짜리 새턴5였어. 1만 톤 로켓이면 그보다 세 배나 더 큰 로켓이야. 2018년에 스페이스X가 발사에 성공한 팰컨 헤비보다 거의 7배나 더 크지. 현재는 그런 로켓을 만들 기술이 없어. 하지만 안 될 것도 없지. 우리가 희망하는 한 언젠가, 어떤 방법으로든지 인류는 화성에 날아가 우주 도시를 세울 거야.

4 우주 탐험이 만들어 낸 우주 쓰레기

"긴급 상황! 대형 우주 쓰레기가 초고속으로 우주정거장에 접근하고 있다."

2015년 7월에 세 명의 우주인이 머물고 있는 국제 우주정거장에서 비상사태가 일어났어. 우주 비행사들은 국제 우주정거장에 도킹해 있는 소유스 우주선으로 긴급 대피를 했어. 만약의 경우 소유스호를 타고 지구로 돌아오려고 말이야.

국제 우주정거장은 늘 우주 쓰레기나 소행성 등에 부딪힐 우려가 있어. 그럴 때면 국제 우주정거장의 엔진을 켜서 궤도를 바꿔 피해야 해. 하지만 우주 쓰레기를 너무 늦게 발견하면 엔진을 켤 시간조차 없어서 달아나는 수밖에 없어. 다행히 우주 쓰레기는 국제 우주정거장에 부딪히지 않고 지나갔어. 문제의 우주 쓰레기는 1979년 소련에서 발사한 기상관측 위성 '메테오르 2호'의 조각이었대.

지구인들이 우주로 진출하면서 우주 쓰레기가 점점 더 많아지고 있어. 인류가 지금까지 쏘아 올린 인공위성은 약 7900여 기인데 현재 정상적으로 작동하는 인공위성은 약 1900여 기래. 6000여 기의 인공위성은 어떻게 되었을까?

인공위성의 일부는 지구로 떨어뜨려 대기

> 1958년 미국에서 발사한 뱅가드 위성은 아직까지 지구 궤도를 돌고 있으니 가장 오래된 우주 쓰레기라고 할 수 있어.

내가 우주 쓰레기의 조상이다. 히히

권에서 불태워 버렸어. 러시아의 우주정거장 살류트와 미르도 운행을 마치자 일부러 추락시켜 태우고 남은 조각들은 태평양 깊은 바다 속에 수장시켰어. 미국에서는 고장 난 인공위성을 우주왕복선에 실어 지구로 가져오기도 했어. 하지만 이런 방법으로 처리한 인공위성은 많지 않아. 비용이 너무 많이 들기 때문이야. 그래서 대부분의 고장 난 인공위성들은 우주 쓰레기가 되어 지구 주위를 돌고 있는 거란다.

인공위성들이 우주 쓰레기와 부딪히지 않는 게 신기하지? 많지는 않지만 우주 쓰레기 때문에 사고가 난 적도 있었어. 1996년에 프랑스에서 발사한 소형 인공위성 세레스는 훨씬 전부터 우주를 떠돌던 아리안 로켓의 부품에 부딪혀 고장이 났어. 수명이 다한 러시아의 인공위성과 미국의 인공위성이 부딪혀 산산조각이 난 적도 있었어. 그 사고로 엄청나게 많은 우주 쓰레기가 생겼지. 덩치 큰 우주 쓰레기 하나가 작은 우주 쓰레기 수만 개를 만들어 낸 거야.

우주에서는 아주 작은 쓰레기도 심각한 문제를 일으킬 수 있어. 미국인으로는 처음으로 우주 유영에 성공한 화이트가 잃어버린 장갑 한 짝이나 국제 우주정거장을 수리하다 떨어뜨린 나사 한 개, 우주선에서 떨어져 나온 작은 페인트 조각 등이 인공위성이나 우주선에 부딪히면 큰 피해를 준단다. 덩치는 작지만 총알보다 7배나 빠른 초속 8킬로미터의 속도로 움직이기 때문에 부딪힐 때 충격이 어마어마하거든.

당장은 우주 쓰레기 걱정으로 잠 못 이룰 필요는 없어. 우주 쓰레기는 인공위성을 쏘아 올리는 800~1000킬로미터의 높은 고도에 몰려 있어. 유인 우주선과 국제 우주정거장이 비행하는 400킬로미터 높이에는 많지 않대. 그리고 미국, 러시아, 유럽연합, 중국, 일본 등에서 큰 우주 쓰레기는 철저히 감시하고 있지. 우리나라의 한국천문연구원에도 우주위험감시센터가 있어서 우주 물체를 관찰하고 있단다.

인류가 우주로 나가려고 할수록 우주 쓰레기는 많아질 거야. 미래의 우주선은 우주 쓰레기로부터 우주선을 보호할 덮개를 씌우고, 우주 쓰레기를 피해 요리조리 비행하는 방법을 찾아야 할지도 몰라. 우주 탐험의 욕심이 우주 탐험을 방해하게 되는 것이지. 최대한 우주 쓰레기를 만들지 않고 우주를 탐험하려면 어떤 방법이 필요할까?

우리나라 우주 탐험의 역사

　우리나라는 인공위성을 수출하는 나라야. 우리 기술로 우주로켓도 쏘아 올렸어. 하지만 우주 탐험의 역사에서 우리나라가 차지하는 부분은 매우 적어. 거의 없다고 할 수 있지.

　우리나라는 우주 기술 개발이 매우 늦었어. 1990년대에 들어서야 처음으로 소형 인공위성을 개발했고, 1992년에 첫 인공위성 우리별 1호를 발사했지. 우리별 1호는 작은 과학 위성이었는데 엄밀히 말하면 우리가 만든 인공위성이 아니라 영국의 기술로 만든 거야. 우리 과학자들은 옆에서 지켜보며 열심히 보고 배웠지. 그래도 우리별 1호를 프랑스령 기아나 우주 센터에서 성공적으로 발사했을 때 온 국민이 펄쩍 뛰며 기뻐했단다. 그 뒤 기술력을 차곡차곡 쌓아서 몇 년 뒤에 만든 소형 과학 위성 우리별 3호는 설계부터 제작, 부품까지 거의 다 우리 기술로 만들었어. 이후 관측 위성, 영상레이더 위성을 외국에서 배우고 개발하며 인공위성 기술을 쌓아 갔어. 이제 우리나라는 인공위성 기술이 매우 뛰어나서 다른 나라에 수출도 한단다.

　우주 탐험을 하려면 인공위성 기술보다 로켓 기술이 더 중요해. 로켓이 없는 나라들은 인공위성을 발사할 때마다 다른 나라 로켓을 빌려야 하거든. 우리나라도 아리랑 5호를 발사할 때 로켓 없는 설움을 톡톡히 겪었어. 러시아의 로켓

으로 발사하기로 계약이 끝나고 비용까지 지불했는데 갑자기 러시아에서 로켓을 주지 않겠다고 했기 때문이야. 아리랑 5호는 로켓 문제가 해결될 때까지 2년이나 창고에서 기다렸다가 겨우 발사했단다. 우리나라 로켓이 있었다면 이렇게 치사한 일은 없었겠지?

 우리나라는 우주 개발을 늦게 시작했기 때문에 로켓 개발도 늦을 수밖에 없었어. 그나마 우리의 로켓 개발을 서두르도록 자극을 준 것은 북한의 로켓 발사야. 북한은 1998년 대포동 1호 로켓으로 광명성 1호 위성을 성공적으로 궤도에 올렸다고 발표했어. 우리나라도 부랴부랴 로켓 개발을 시작했지만 당시 경

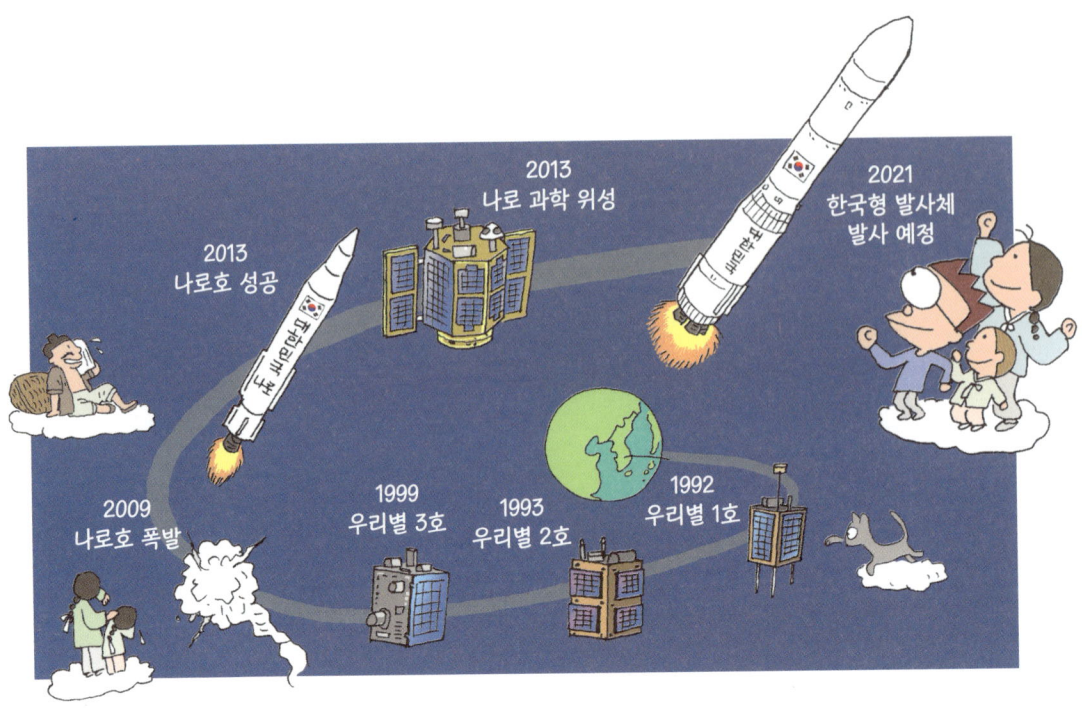

제 상황이 좋지 않아 빨리 진행되지 못했어.

다시 로켓 개발을 시작했을 때는 빨리 완성하고 싶은 욕심이 커서 러시아의 기술을 빌려 왔어. 2단 로켓과 인공위성, 발사 기지 등은 우리가 만들었지만 핵심 기술인 1단 로켓은 러시아의 것을 사서 나로호를 만들었어.

2009년 나로호는 온 국민의 관심 속에서 발사되었어. 늠름하게 솟아오르는 나로호를 보고 성공인 줄 알았는데 대기권에서 추락하며 불타 버렸어. 두 번째는 발사 137초 만에 공중에서 폭발했어. 2012년에 다시 발사하기로 했지만 두 차례나 연기되었어.

"이러다 또 실패하는 거 아냐?"

"공중에 돈만 낭비하는 거 아니야?"

염려하는 국민들이 많이 생겼어. 하지만 로켓의 첫 발사가 성공할 확률은 30퍼센트도 되지 않아. 로켓을 개발했던 다른 나라들도 숱한 실패를 딛고 기술을 키워 나간 거란다.

2013년 1월 30일 오후 4시 나로호는 힘차게 우주로 솟아올랐어. 나로 과학 위성을 지구 궤도로 훌쩍 올려 주었지. 드디어 우리나라에도 우리 로켓이 생겼어. 자랑스러운 나로호에 실려 날아간 나로 과학 위성은 1년 조금 넘는 기간 동안 지구의 환경을 관측하다가 지금은 지구와 통신이 끊긴 채 홀로 궤도를 돌고 있단다.

우리나라에서는 나로호의 뒤를 이을 또 다른 로켓을 개발하고 있어. 항공우주연구원에서 100퍼센트 순수 우리 기술로 만든 한국형 발사체를 개발했단다. 벌써 시험 발사에 성공했고, 1~2년 안에 우주로 날아갈 거야. 머지않아 우리나라의 로켓이 다른 나라의 인공위성들까지 발사해 줄 날이 올 거야!

우리나라 최초의 우주인

우리나라 사람 중에 우주에 다녀온 사람은 딱 한 명이야. 2008년 러시아의 소유스호를 타고 우주에 다녀온 이소연 박사야. 이소연은 러시아의 우주 기지에서 훈련을 받고 국제 우주정거장으로 날아갔어. 우주에서 10일 동안 지내면서 이소연은 국제 공동 실험 3건과 우리나라에서 맡긴 실험 18건을 모두 해냈어. 우리나라 최초이자 유일한 우주인인 이소연의 우주 생활을 보고 많은 어린이들이 우주인이 되겠다는 큰 꿈을 품었겠지!

우리나라 최초의 우주인 이소연.

짝꿍 인공위성

2007년 우리나라의 태안반도에 최악의 기름 유출 사고가 있었어. 당시 우리나라 상공에 있던 인공위성은 아리랑 2호와 독일의 테라사르-X였어. 두 위성은 우리 정부에 태안반도의 영상을 보내 주었어. 테라사르-X는 기름띠의 흐름을 시간별로 정확히 보여 주어 큰 도움이 되었어. 그런데 아리랑 2호의 영상에는 구름뿐이었어. 아리랑 2호는 빛이 있어야 영상을 찍을 수 있는 광학 위성이었는데 당시 태안반도가 흐려서 구름밖에 찍지 못한 거야. 테라사르-X는 영상레이더 위성이어서 날씨에 상관없이 영상을 정확하게 찍었지. 이런 문제를 해결하기 위해 인공위성을 운영하는 나라들은 광학 위성과 영상레이더 위성을 짝꿍으로 함께 운영하고 있어. 우리나라도 2013년 영상레이더 위성인 아리랑 5호를 발사해서 이제 흐린 날에도 문제없이 관측을 할 수 있단다.

 **참고 도서 및 자료**

닐 디그래스 타이슨, 『스페이스 크로니클』, 부키, 2016.
데즈카 아케미, 『우주여행, 우리도 갈 수 있어!』, 와이즈만Books, 2016.
마크 트라, 『우주여행』, 랜덤하우스코리아, 2006.
송은영, 『치올콥스키가 들려주는 우주 비행 이야기』, 자음과모음, 2010.
조경철, 『우주로켓』, 별공작소, 2009.
채연석, 『처음 읽는 미래과학 교과서 5―우주공학』, 김영사, 2007.
크리스 임피, 홀리 헨리, 『스페이스 미션』, 플루토, 2016.
한국항공우주연구원 공식 블로그 www.kari.re.kr
네이버 블로그 엘랑의 Launch Window

 **사진 출처**

- 24, 83, 96, 123쪽―미국 항공우주국 NASA